こころの不思議

こころを理解することができれば
個性や才能は開花する

楠山 正典著

The strength to believe in yourself determines your future.

自分を信じる心の強さが、君の未来を決める。

はじめに

　なぜか、『自分を変革できる』と信じている人は、そう多くはない。
　それは、人間のもつ無限の可能性を知らないだけかもしれない。
　挫折する人の多くは、成功に近づいているにも関わらず、途中で諦めてしまう人だと言われている。
　ましてや、挑戦もしないで、初めから諦めてしまうことほど、もったいない人生はない。

　この本の目的は、自分の才能の芽に気づいてもらうことにある。
　それは、自分という土台の上にしか、確かな幸福は実現できないからだ。
　誰であれ、無限の可能性を秘めた『こころ』を理解することができれば、個性や才能は、必ず開花する。

　一方、どこで暮らそうとも、「世界が平和でなければ、個人の幸福は実現できない」という厳しい現実がある。
　いずれにせよ、自分を信じる心の強さが、本来の人間力を発揮できる唯一の道であり、すべての問題の解決につながっている。

2025年1月　楠山正典

《　主な論点　》

Ⅰの部　心の世界

　すべての人が、幸福を求めて生きている。それは、財産・名声・地位などではない。

　誰もが望む真の幸福とは、人生を自在に生きること、人生を心から楽しむこと。それを可能とする力を自分自身の『こころ』に蓄（たくわ）えることにある。

　現実の社会では、何を善と考え、何を悪と考えるかは、人々の主張により形成される。ゆえに、平和な社会は、誰もが、「何が善か」を哲学する時代の到来にある。

　時間を極めると、この一瞬の心に、過去も未来も含めた人生のすべてが凝縮（ぎょうしゅく）されている。

　空（くう）という考えは、西洋哲学にはない。これが理解できれば、誰もが思考の視野を広げることができる。

　そして、人間の素晴らしさ、自分の可能性を開花させるために、『こころ』を理解する。

Ⅱの部　心と身体

　身体が不調であると心が安定を失い。心が定まらないと身体も活力を失う。この問題をどう克服すべきか。

　そのカギが「二にして、しかも、二に非ず」の言葉に秘められた「心と身体の不思議な関係」にある。

　どんなに意欲に溢れていても、体を壊してしまい、自由に歩き回れなければ「社会性」も失われ、やがて、脳の働きも衰えていく。

　この社会性の低下が、老いを加速させていく。

　私たちの生命は、あるときは健康な状態として現れ、あるときは病気の状態として現れる。

　見かけ上は、健康と病気は、明らかに異なるが、本質的には切り離すことができないだけでなく、一体として健康と病気のリズムを奏でている。

　死を恐れない生き方とは、「希望をもって歩む人生」にある。

　そのために、「なぜ、死ぬのか」、「死後は、どうなるのか」などを整理する。

　人は、なぜ眠るのか。そして、睡眠の本質を究めることは、睡眠と深く関連する死を理解することにつながる。

Ⅲの部　人間性の探究

　誰もが望む民主主義の国では、個人の幸福と国家の繁栄が、必ず一致する。

　それは、独裁者の権勢(けんせい)に怯(おび)えて暮らす社会主義でもなく、勝つことが正義とされる資本主義でもない。

　現代社会の混迷は、社会制度にあるのではない、哲学すること、祈ること、道徳を守る心が薄れたことに、その根本原因がある。

　ゆえに、人類最大のテーマは、人間性をどう高めるかにある。

Ⅳの部　個人の尊重と国家

　その一歩は、自分を尊重することから始まる。自分を大切にできない人には、他者を尊重することはできない。

　また、誰であれ、他者から尊重されることほど、心が満たされるものはない。

　いずれにせよ、私たちは、争いの絶えることのない世界に生きている。

　しかも、地球は一つ、逃れる場所などはどこにもない。

　考えるまでもなく、世界平和の礎(いしずえ)は、すべての人間が、個人を尊重し合うことにある。

Ⅴの部　自分らしく生きる

　誰であれ、幸福になるためには、自分を肯定し、自分に自信をもって生きることだ。

　他者と無意味な比較をして、劣等感に苦しむことほどムダなことはない。

　いずれにせよ、自分らしく生きたとき、個性や才能は開かれ、希望に輝く人生を歩むことが可能となる。

はじめに ……………………………………………… 3

Ⅰの部　心の世界

1章　幸福を求めて …………………………… 15
❶　比較から得られる幸福 …………………… 16
❷　幸福になる力 ……………………………… 18

2章　善と悪を知る …………………………… 22
❶　善悪は人間がつくる ……………………… 23
❷　国家悪がなくならない理由 ……………… 25
❸　内なる悪との闘い ………………………… 27

3章　時間を楽しむ …………………………… 28
❶　生活と時間 ………………………………… 29
❷　人間が感じる時間 ………………………… 31
❸　時間を究める ……………………………… 33

4章　孫悟空 …………………………………… 35
❶　怒りの心 …………………………………… 36
❷　空（くう）という物差し ………………… 38
❸　時空の枠を超えて ………………………… 40

5章　こころの不思議 ………………………… 44
❶　こころの主体 ……………………………… 45
❷　こころの多様性 …………………………… 47
❸　人間らしい振る舞い「慈悲」…………… 52
❹　心は、どのように変化するのか ………… 54
❺　心は、どこにあるのか …………………… 57

CONTENTS

Ⅱの部　心と身体 …… 59

1章　心と身体の関係 …… 61
- ① 生を奏でる身体 …… 62
- ② 不思議な関係「心と身体」…… 64
- ③ 心と遺伝子 …… 65

2章　老いを楽しむ …… 66
- ① 老いを知る …… 67
- ② 若さを保つ秘訣 …… 69
- ③ 基本は足腰 …… 71

3章　病気の深い意味 …… 75
- ① 病気と健康 …… 76
- ② 主観的な健康観 …… 79
- ③ 生活不活発病 …… 82

4章　増え続ける心の病 …… 85
- ① 心の病を知る …… 86
- ② 社会が生み出すストレス …… 89

5章　死を恐れない …… 93
- ① まず、寿命を知る …… 94
- ② 生と死は、根本のリズム …… 96
- ③ ライムライト …… 98

6章　睡眠の役割 …… 99
- ① 人は、なぜ眠るのか …… 100
- ② 眠りの仕組み …… 103
- ③ 眠りの質をどう高めるか …… 105

Ⅲの部　人間性の探究 ……… 109
1章　人間性をどう高めるか ……… 111
- **1** 生き方の分岐点 ……… 112
- **2** 人間性を高めるための行動 ……… 113

2章　誰もが哲学する社会 ……… 115
- **1** 本当のことを知りたい ……… 116
- **2** 哲学をどう実践するか ……… 118

3章　宗教は必要か ……… 123
- **1** 宗教の誕生 ……… 124
- **2** 祈りの世界 ……… 127
- **3** 新しい時代の宗教 ……… 129

4章　道徳「みんな　なかよく」 ……… 134
- **1** 多様な道徳的価値 ……… 135
- **2** 道徳的振る舞い ……… 139
- **3** 道徳教育の目的 ……… 141
- **4** 大津いじめ事件 ……… 142

5章　多様な社会ルール ……… 144
- **1** しきたりを考える ……… 145
- **2** 校則を考える ……… 146

CONTENTS

Ⅳの部　個人の尊重と国家 …………………………… 149

1章　個人の尊重 ……………………………………… 151
- ❶　個人をどう尊重するか ……………………… 152
- ❷　平等をどう実現するか ……………………… 154

2章　人権を考える …………………………………… 156
- ❶　人権のバックボーン ………………………… 157
- ❷　身近な人権侵害 ……………………………… 158
- ❸　人権は、誰が守るのか ……………………… 160
- ❹　人権運動の歴史 ……………………………… 162

3章　世界人権宣言 …………………………………… 164
- ❶　宣言のあらまし ……………………………… 165
- ❷　世界人権宣言の内容 ………………………… 166

4章　国家と基本的人権 ……………………………… 172
- ❶　基本的人権 …………………………………… 173
- ❷　国民主権と国家権力 ………………………… 176

CONTENTS

Ⅴの部　自分らしく生きる ... 179
１章　自分と、どう向き合うか ... 181
- ❶　自分との対話を習慣にする ... 182
- ❷　本との対話で未知の世界を探究 ... 184

２章　苦難を試練と捉える ... 188
- ❶　アインシュタインの試練 ... 189
- ❷　試練に、どう立ち向かうか ... 194
- ❸　パートナーを選ぶ ... 196

３章　自分の才能をどう開くか ... 199
- ❶　能力と才能の関係 ... 200
- ❷　才能をどう開くか ... 202
- ❸　個性と多様性の環 ... 205
- ❹　個性をどう生かすか ... 207

著者紹介 ... 210

Ⅰ の部

心の世界

すべての人が、幸福を求めて生きている。それは、財産・名声・地位などではない。
　誰もが望む真の幸福とは、人生を自在に生きること、人生を心から楽しむこと。それを可能とする力を自分自身の『こころ』に蓄(たくわ)えることにある。

　現実の社会では、何を善と考え、何を悪と考えるかは、人々の主張により形成される。
　ゆえに、平和な社会は、誰もが、「何が善か」を哲学する時代の到来にある。

　時間を極めると、この一瞬の心に、過去も未来も含めた人生のすべてが凝縮(ぎょうしゅく)されている。

　空（くう）という考えは、西洋哲学にはない。これが理解できれば、誰もが思考の視野を広げることができる。

　そして、人間の素晴らしさ、自分の可能性を開花させるために、『こころ』を理解する。

（　主な論点より転記　）

1章　幸福を求めて

　誰もが、求めて止まないもの…それは幸福。
　もしも、その幸福が間違っていたとしたら。

　そこで、幸福への理解を深めるために、「比較から得られる幸福」と「内面にみなぎる幸福」とに大きく分ける。

　そして、比較から得られる幸福とは、財産・名声・地位などのこと。
　その願いが叶ったとしても、そのときの喜びは、いつまでも続くわけではなく、やがて悉(ことごと)く消え去る。

　それから、内面にみなぎる幸福とは、人生を自在に生きること、人生を心から楽しむこと。
　それを可能とする力を自分自身の『こころ』に蓄(たくわ)えることだ。

1 比較から得られる幸福

「幸福とは、心が満たされること」と言われる。美味しいものを食べたときも、志望した学校や企業に合格したときも感じた。

そして、日々の生活の中で、人それぞれが多様な幸福を感じている。

人は誰も、より豊かな生活を求めて、「財産がほしい」「名声がほしい」「地位がほしい」などを願う。

たとえ、この願いが叶ったとしても、そのときの喜びが長く続くわけではない。

そして、財産などへの欲望には、限りがない。有れば有るほど欲しくなる。

また、地位などを得たが故に、その権力の魔性に溺れて身を滅ぼす人もいる。

さらに、他者と比較することにより、意味のない不幸を感じている人も少なくない。中には、嫉妬心に苦しむ人もいる。

その人が幸福かどうかは、他者には分からない。
自分が幸福かどうかは、自分が、どう考えるかにある。

しかも、幸福は、他から与えられるものでもない。

　いずれにせよ、財産・名声・地位などは、時がたつと、空しく消え去ってしまう。

　では、内面にみなぎる幸福は、どのようにしたら得られるのか。

2 幸福になる力

「幸福とは、心が躍動して、生きていることが楽しいこと」と言われる。

重要なのは、苦難に直面している人が不幸ではないということだ。

むしろ、苦難を幸福に転換する挑戦の中にこそ、真の歓喜は生まれる。

いずれにせよ、困難を前向きに捉えたとき、誰にでも、それを乗り越える力が生まれる。
苦労無くして、人は育たない、これが大原則だ。

A　4つの敵

幸福への道を歩む上で、その途上に立ちはだかる4つの敵について考える。
なお、これらは善悪に通じる面もあり、人間を深める役割も果たしている。

その1　怒り
世の中は、自分の思い通りに行かないことの方が多い。その行き詰まりから、怒るという短絡的な感情爆発を起こし、身を破滅してしまう人は少なくない。

その2　際限のない欲望

　ひとたび、欲望だけの世界に身を投じると、欲望には際限がないため、心が満たされることがない。

　ついには、欲望の火に、身も心も焼かれていくことになる。

その3　弱肉強食

　弱肉強食は、自己保身のために、強い者を恐れ、弱い者を見下す根性をいう。

　この愚かさの本質は、理性や良心が弱いことにあり、互いに傷つけ合う。

その4　嫉妬

　すべての生き物は、外圧に対して反発する。そして、悪への反発が嫌悪感、善への反発が嫉妬。自分の方が優れていると慢心を懐く人は、自分より優れたものを見ると嫉妬心に狂う。いじめの本質も、この嫉妬にある。

B　幸福になる生き方

　突き詰めると、財産・名声・地位などの幸福は、砂上の楼閣のようなもので虚しい。

　しかし、心の世界は、どこまでも広げ、深めることができる。そこに確かな幸福への道がある。

では、どのように実現するのか。

その1　自分らしく生きること
　人間は、大きな悩みに直面すると、必ず生きる意味を考える。悩みに振り回される人もいるが、多くの人は、それを克服することにより、自分の人生を深めていく。

　芸術家、芸人、スポーツ選手などになることは…幸せになるための手段であって、目的ではない。
　その手段は、多種多様なため、どれが自分にふさわしいか、自分にしか分からない。
　それゆえ、考え続けるしかない。その到達点は、「自分らしく生きること」にある。
　これにより、個性や才能だけでなく、あらゆる可能性が開かれる。

その2　心から楽しむこと
　人生の目的は遊楽(ゆうらく)。「遊」とは、人生を自在に生きること、「楽」とは、人生を心から楽しむこと。

　そして、自分を信じる心の強さが、個性や才能を開花させるだけでなく、あらゆる苦難を楽しみながら乗り越えていく力を生み出す。

その3　他者と共に生きること

　世の中には、他者と共に生きることに難しさを感じている人々がいる。それが、「ひきこもり」だ。

　他者と共に生きることを拒(こば)んでしまっては、人生そのものを閉ざしてしまうことになる。

　考えると、どんな人間でも、独りでは生きていけない。助けたり、助けられたりしながら生きている。

　そして、人間としての深い喜びは、他者と共に生きる中にある。

2章　善と悪を知る

「多くの人を利する行動が善、一部の人の利益を図る行動が悪」と、誰もが考えるかもしれない。

　けれど、現実の社会では…
　何を善と考え、何を悪と考えるか…
　それは、人々の主張の力により形成される。

　どんなに、個人が理想の善を主張しても…
　それだけでは、現実社会を変革する力にはなりえない。

　それゆえ、平和な社会は、誰もが、「何が善か」を哲学する時代の到来にある。

1 善悪は人間がつくる

　この世の中には、あらかじめ「善と悪の基準」があるわけではない。

　たえず、善悪は、人間や社会によって生み出されている。

　では、何が、その社会での善悪を決めているのか。

　それは、社会の中で、多数の人間によって支持されているものが善となり、そうでないものが悪となる。

　そして、善悪は、自分の中でも、国や組織の中でも、常に葛藤している。

　この葛藤を止めてしまったら社会の発展はない。対立・葛藤が進歩の原動力となっている。

　また、実力者に忖度する人が増えすぎると、善悪が歪められ、悪しき習慣がコミュニティを支配するようになる。

　最終的には、一人ひとりの行動が、社会の善悪に影響し合っている。

　そこで展開される善と悪との攻防は、次の通り。

　　　◆ 悪を責めるのが…　善
　　　◆ 善を責めるのが…　悪
　　　◆ 悪を責めないのが…悪

　いずれにせよ、悪と戦う精神がなければ、悪がはびこり、世の中が清らかになることはない。

悲惨な軍事侵攻さえも、それを自分たちにとって、正義であり、国益であると考える国民が存在すると、それが容認されてしまう。

　また、いじめに反対する人がいたとしても、学校やクラス全体が、いじめを見逃している限り、いじめがなくなることはない。

2 国家悪がなくならない理由

　世界各地では、今も、悲惨な戦争が続いている。民間人を含めた死傷者が、毎日のように出ている。

　この地球上には、「人を殺すことは悪だ」との道徳的価値を知らない人は、一人としていない。

　それにも関わらず、名誉欲、所有欲、支配欲などの欲望エネルギーの前では、道徳を守る心など、風前の灯のようだ。

　この問題を深く考えると、その基底部には、利己主義が横たわっている。この利己的行動を克服できなければ、何も解決しない。

A　国家が、なぜ、利己的行動に走るのか

◆ まず、その国に利己主義的な風潮が広まると、自分と自国の利益を優先して考える「自国最優先の国民」が多数を占めるようになる。
◆ そのような国は、互いに利己的に行動しているため、いつまでも争いが絶えない。
◆ 思い通りにいかないと、相手国を威圧(いあつ)するために軍事的行動を選択する。そして、自国の利益に執着するため、ますます深みに入っていく。

いずれにせよ、政治力・軍事力・経済力の強い国が主導する「自分たちに都合の良い取引ルールや小国が不利になる仕組み」が存在する限り、国家間の争いやテロはなくならない。

　また、同レベルの文化をもった独裁国家と民主国家が隣接する場合、独裁者は、民主的な思想が流入することを恐れる。このことも、国家間の争いの火種になっている。

B　地球的な規模での信頼の絆

　では、どのようにすれば、この世界から、不信・分断・不安を除き、国家悪を防止することができるのか。

　それは、国連機能の強化や国際条約の整備などでは実現できない。

　もっと確かな方法…
　それは、地球のすべての住民が国や立場を越え、地球的な規模での信頼の絆を広げることにある。
　そして、独善や不条理などに対しては、遠く離れていても、異変を感じたら声を上げなければならない。
　手遅れにならないために！

3 内なる悪との闘い

　大きな国家であれ、小さなコミュニティであれ、そこでの善悪は、そこに属する人々の主張の力が決めている。

　そして、世の中には、性善だけの人も、性悪だけの人もいない。どんな人間にも、2つの面が共に備わっている。

　しかも、2つの本性(ほんしょう)は、状況の変化などで、瞬時に入れ替わる。

　そこで、誰もが悪に染まりやすいため、次の点を注意する。

◆ 自分の中にある性悪と常に闘い続ける。
◆ 悪友に近づかない。悪を敏感に察して、「怪しいものには、近づかない」ことに徹(てっ)する。
◆ どのような誘惑があっても、理性と良心を弱めてはならない。

《　闇バイトについて　》

　安易に加わる若者もいるが、犯罪には、ここまでなら大丈夫などのサジ加減はない。

　どんどん深みにハマる。報酬などもらえるどころか、今まで苦労して貯めた預金も脅し取られる。

3章　時間を楽しむ

　1日は24時間、それは物理的時間のこと。
　重要なのは、人間が感じる心的な時間感覚にある。
　この心が感じる時間をどう過ごすかが、人それぞれの「人生の充実度」を決めている。

　そこで、物理的時間感覚と心的時間感覚の違いを比較する。

　さらに深く探究すると…
　私たちが刻んでいる時は、この一瞬のみ存在している。
　ゆえに、過ぎ去った過去も、迫りくる未来も、そこには存在しない。

　しかも、人間の場合、この一瞬の心に、過去も未来も含めた人生のすべてが凝縮されている。

1 生活と時間

　私たちの日常生活は、「時刻を表示する道具としての時計」と「体内時計」により営まれている。
　現代は、ビジネスや交通機関などの様々な社会・経済活動が、秒単位で動いている。
　そこでは、この時刻を客観的に表示する時計が大活躍している。

　そして、地球上のほぼすべての生き物、すなわち、昆虫、植物、人間を含む哺乳類も、地球の自転による24時間周期に合わせて生きている。
　人間は、意識しなくても、日中は、心と身体が活動状態に、夜は休息状態に切り替わる。
　どうして、生物は、昼夜を認識し、24時間というリズムを把握することができるのか。
　その秘密が、生物の「体内にある時計」にある。
　しかも、1993年には、バクテリアのような単純生物までもが、この「体内時計」を持っていることが証明された。

　つまり、「生命は細胞内に『体内時計』を持っており、多くの生体活動が24時間周期で刻まれている」と結論付けられている。
　なお、朝になると目が覚め、昼間は活動し、夜になると眠くなる。このリズムがうまく働かないと、不眠、疲労感、

食欲低下、肌荒れなどが起こりやすくなる。
　それは、この体内時計が、ホルモンの分泌や自律神経の働きと関連しているからにほかならない。

　いずれにせよ、健康に生きるためには、この体内時計を地球や自然のリズムに調和させることが重要となる。

❷ 人間が感じる時間

　誰でも、忙しい時や楽しい時は、時間の流れを早く感じ、退屈な時や何かを待っている時は、時間の流れを遅く感じる傾向にある。

　このように、物理的時間は同じであっても、人間が感じる時間感覚は、大きく異なる。
　それは、人間には、心的な時間感覚が備わっているからだ。

　では、「心構え」の違いにより、物理的時間感覚と心的時間感覚が、どのように変わるのか。

《　1　日常生活のケース　》

心構え	物理的時間感覚	心的時間感覚
することもなく過ごす。	とても退屈なので、長く感じる。	何も得るものがないため、短く感じる。
時間を大切に過ごす。	時の経つのも忘れるほど、短く感じる。	心が満たされているためか、時間が心地良く感じられる。

《 2　困難に直面したとき 》

心構え	物理的時間感覚	心的時間感覚
困難から逃げようとする。	出口がないためか、苦しい時間が、限りなく長く感じる。	弱気のためか、充実感のない時間が空しく去っていく。
困難に挑戦する。	主体的に挑戦しているためか、時間を意識しないほど、短く感じる。	味わい深い、充実した時間が長く感じられる。

　以上のことから、苦難に直面している人が不幸ではなく、苦難に挑戦する中にこそ、人間としての充実した時間がある。

　たとえ、短命であっても、充実した心的時間を過ごした人にとって、その心が感じる寿命は、十分長かったといえる。

3 時間を究める

A　時の流れと時間軸

　私たちが刻んでいる時は、この一瞬のみ存在している。過ぎ去った過去も、迫りくる未来も、そこにはない。

　そして、時間軸を考え出した人類は、連続する時の流れを過去・現在・未来に区分した。

　しかし、未来を切り開くためには、そこに確かな希望がなければならない。

B　未来がなくなると

　報道される精神病院での人権侵害。それが起こる原因には、家族や行政の無理解があるように感じる。

　例えば、人柄もおだやか、心も安定しているにも関わらず、家族が受け入れを拒んでいるため、精神病院から退院ができない人がいる。

　また、自由のない精神病棟での生活、それに絶望して自殺する若者もいる。

　それは、来る日も来る日も、定められた時間割で生活していると、やがて未来を感じなくなる。なぜなら、自由な未来がなくなると、生きる希望もなくなるからだ。

C　すべては、この一瞬にあり

　ここでいう「一瞬」は、大きさも重さもない幾何学でいう点とは異なり、次のような特徴がある。

◆ 本来、時間は連続して流れているため、過去・現在・未来と区分できるものではない。
つまり、「私たちが刻んでいる時は、この一瞬のみ存在している。ゆえに、過ぎ去った過去も、迫りくる未来も、そこには存在しない」と言える。

◆ この一瞬を充実させたければ、確かな生活をしなければならない。この一瞬がもつ力は、これまで積み上げられた過去からの自信、経験、知性などによって支えられているからだ。

◆ 未来を創るのは希望。未来を信じて行動する中に、未来への推進力も生まれる。まさに、この一瞬に「確かな希望」があるか否かにかかっている。

　誰もが「心こそ大切」と言う。
　それは、この一瞬の心に、幸不幸を含めた人生のすべてが凝縮されているからだ。

4章　孫悟空

　孫悟空(そんごくう)とは、世界的に有名な小説「西遊記(さいゆうき)」の中で、魔物を相手に活躍する「主役の猿の名前」のこと。

　彼は伸縮自在の如意棒（にょいぼう）を振り回し、一気に十万八千里も飛べる觔斗雲（きんとうん）を乗りこなす。

　この名前を読み解くと、孫悟空とは「少し空（くう）を悟っている」との意味になる。

　この空（くう）という考えは、仏教用語で、西洋哲学にはない。

　少し難しいかも知れないが、これが理解できれば…
　誰もが、思考の視野を広げることができる。

❶ 怒りの心

まず、怒（いか）りの心を学び、それを土台に空（くう）の考えを理解する。

A　穏やかな人も怒る

父は80才で臨終を迎えたが、心穏やかで、誰に対しても親切であった。

私が小学生のときだったが、そんな父も怒ることがあった。1回だけ、ちゃぶ台をひっくり返した。

その頃、父が言った次の言葉は、今も耳に残っている。『怒るとカラダに毒がわく』と。

父は、自分の体験から、怒ると、自己嫌悪（けんお）に陥（おちい）るだけでなく、身体に何らかの不調を感じたのかもしれない。

そして、怒りは、自分と相手を傷つけるだけでなく、「積み上げてきた信用を失う」ことを伝えたかったのかもしれない。

B　ピークは6秒

どんな強い怒りも「ピークは6秒」と言われている。

それは、この6秒に、どう対応するかで、その後の展開が決まるという原則。

例えば、クレームの内容が顧客の勘違いであったとする。もし、直ぐに、その勘違いを指摘したらどうなるか。

そこで、顧客の主張を穏やかに聴いた上で、丁寧に説明することになる。

　これより難しいのが、自分が怒る場合の対応である。
その1　怒る基準
　上に立つ者は、怒る基準を、そのときの気分や人の好き嫌いで変えないようにする。

その2　怒りの作法
　自分なりの怒りの作法を決めておく。それにより感情的にならず、スマートな対応が可能となる。

❷ 空（くう）という物差し

　すべての人間に備わっている怒りの心…その心の動きを深く観察すると、そこに心の不思議な性質が見えてくる。

　現代人の多くは、すべてが「有」と「無」の2つの物差しで説明できると思っている。
　しかし、最も身近な「心」は、物とは根本的に異なるため、そう単純ではない。

　しかも、多くの人が、仏教で説く「有に非ず、無に非ず」という表現に迷って、無に近い感覚で受け取っている。

　例えば、怒りの心を出してくれと急に言われても、本物の怒りの心を作為的に出すことはできない。
　では、無いのかというと、そうではなく、怒る「因」と外からの働きかけとしての「縁」があれば、いつでも出てくるので、無いわけでもない。

　怒りの心は、外から観ると、現れたり、消えたりするが、心の内面を観ると、そこに溶け込んでいる。
　この不思議な存在の姿を「空（くう）」という。

　では、心が空（くう）であることを踏まえると、怒り方は、どのように変わるのか。

そもそも、怒りという感情は、防衛本能そのもの。もうこれ以上、怒らせるなとの警告を意味する。
　それゆえ、コミュニケーションにおいては、「怒っている」ということを相手に伝えることが重要となる。

　そこで、取るべき行動は、次の２つ。
◆　怒りは、それを相手に伝えることが重要。
　そのため、ほんの数秒怒れば十分、長く怒るのはムダとなる。
◆　周りを安心させるために、瞬時に穏やかな心に戻ることが重要。
　これは、その人が穏やかな人柄であれば可能だが、難しい場合もある。

　いずれにせよ、心のホームポジションが、普段どこにあるかで、怒り方が大きく変わる。

3 時空の枠を超えて

　私たちの身の周りには、太陽の光や照明の光など、いろいろな光がある。これらは電磁波とよばれる、空間を伝わっていく「波」の一種。

　中でも、1888年に発見された「電波」は、私たちの生活になくてはならないものとなっている。
　例えば、TVやラジオの放送関連、スマホやインターネットなどの通信関連など。
　そして、スマホにも装備されるようになったGPS（全地球測位システム）は、人工衛星からの電波を利用して自分の位置が計算できる。

A 「場の理論」の登場

　ところで、地球から離れた宇宙空間では、声は伝わらない。それは、声の振動を伝える空気などがないためである。
　もし、光を波だとすると、それを伝える物質が必要となる。
　そこで、ほとんどの科学者は、光を伝えるための「エーテル」という媒質を想定した。
　その後、ついに、光は、何もない真空中を伝わることが、実験で証明された。
　しかし、それをどう説明するかが大問題となり、「場の理論」が生まれた。

私たちを取り巻く空間には、光、電波、マイクロ波などを含む電磁波や重力波などを伝える働きが備わっている。
　この宇宙空間が、「様々な働きを現すことができる場」であることが、「空（くう）の状態」にあることを意味する。

　この無限に広がりゆく宇宙を「空」と考えると、宇宙には、あらゆるものを育てる力があることを感じる。
　宇宙は、地球を育て、地球は、公転・自転により変化に富んだ四季などを生んだ。そして、花を育てよう、木を育てよう、人間を育てよう、としている。

B　旅する蝶

　私は、近くの小学校で絵本や紙芝居の読み聞かせをしている。そこで、「旅する蝶」という絵本に出会った。
　それは、北アメリカに生息するオオカバマダラという蝶…羽（はね）をいっぱい広げても10センチたらず、体重0.5グラムほどの小さな生き物が、4,000キロを飛び、壮大な旅をするという神秘。

　8月下旬、カナダなどで発生を繰り返していたオオカバマダラに異変が現れ始め、蛹（さなぎ）から羽化（うか）した成虫は、交尾もせず、南に移動し始める。

　花の蜜を吸いながら、夜には集団になって木陰などで休

Ⅰの部　心の世界

み、2ヶ月をかけてメキシコの森にたどり着く。
　このオオカバマダラは、羽をそれほど羽ばたかなくても風に乗り滑空（かっくう）し続けることができる。

　そして、気温が暖かくなる3月下旬…
　北への移動が始まる。
　南への移動とは異なり、バラバラに動き、交尾を繰り返しながら北上していく。
　北上する世代は、3週間から6週間しか生きられないので、3〜4世代をかけて出発点に戻る。

　この蝶の旅は、渡り鳥が行う渡りとも、サケのように生まれた故郷の川に戻る場合とも異なる。

　このオオカバマダラは、不思議なことに、毎年、メキシコの森の同じ木に集まる。

　なぜ、未踏の地にたどり着くことができるのか。
　どうして長い旅路を迷うことなく、続けることができるのか。

　この壮大な旅を「有と無の2つのコンパス」でしか捉えられない人間には、未だに解明されていない。

だが、オオカバマダラには、その飛行ルートが見えているに違いない。

5章　こころの不思議

　誰もが不思議に感じているもの。
　それは、宇宙とは何か、物質とは何か、心とは何か…。

　なかでも、身近であるが、有と無の範囲を越えて存在する、この「こころ」を理解することはとても難(むずか)しい。

　ある人いわく『心が広大な宇宙に満ちても、宇宙は広からず、小さな芥子粒(けしつぶ)に収(おさ)まっても、芥子粒は狭(せま)からず』と。
　ゆえに、この心の世界は、どこまでも広げ、深めていくことができる。

　これから、こころの世界の入り口まで、君を案内するために、次の視点から探検する。
　　◆ 内発的な意志・意欲は、どこから生まれるのか
　　◆ 人間らしい振る舞い「慈悲」
　　◆ 心は、どのように変化するのか
　　◆ 心は、どこにあるのか

1 こころの主体

　私たちが生きている世界は、多様な心に溢れている。食べ物を美味しいと感じる心、人を愛する心、幸せに満たされた心など。

A　すべてが心より起こる

　もし、人間に心がなかったら、愛も喜びも悲しみも、この世界には存在しないことになる。

　それゆえ、心は、次のように深い。
- ◆ 心こそが、すべての根本にある。
- ◆ 心が、すべてを生み出している。
- ◆ 心が、戦争を含めて、世界を動かしている。

　そして、この心は、現実の課題、すなわち、健康、幸福、平和などに挑んだときに、はじめて、その力が発揮される。

B　心の主体と多様な心との関係

　私たちは、数え上げたらキリがないほど、多様な心に溢れている。

　これらの心は、縁などに触れて現れるが、受け身で反応しているわけではない。

　そこには、主体的に生きようとする自分がいる。

なぜなら、この多様な心の根底に、「心の主体」が存在しているからにほかならない。

　そして、この心の主体には、次の働きがある。
◆ 心の主体が何を目指しているかで、その人間の生きている意味は、大きく異なる。
◆ 心の主体が、多様な心を包んで、心が円滑に働くように司令塔の役割をしている。
◆ 誰でも、理性と感情の対立などの心の葛藤(かっとう)に悩む。それは、心の主体が成長している証でもある。
◆ 怒りや嫉妬(しっと)心などのマイナス感情であっても、心の主体さえブレなければ、成長のバネとして活かされる。

2 こころの多様性

では、多様な心には、どのようなものがあるのだろうか。

そこで、心の多様性を知るために、感情系のものと理性系のものに分けて分析する。

A 感情系のこころ

その1　感情

感情とは、喜び、恐れ、怒り、悲しみなどをいう。

そこで、この感情の特徴をまとめると。

◆ 人間は感情を大切にする存在である。そのため、感情を強く害すると、その後、一言も話をしてくれなくなることもある。

◆ 感情が、理性や損得に優先して働くことも多い。

◆ 心地よく感じる距離感・親密度は、人により異なる。

◆ 誰でも、うらむ、ねたむ、ひがむ…などの「他者との比較から起こるマイナス感情」がある。自分に自信をもつことが、この感情から抜け出す近道だ。

その2　欲望

欲望とは、心の奥に潜（ひそ）み「何かをしたい／欲しい」と思う心の働きをいう。

そして、この欲望には際限がない。「美しくなりたい」「お金持ちになりたい」…など。

この多様な欲望は、次の3つに分類できる。

《　生命・生活を維持するための欲望　》
　それは、睡眠欲、食欲、性欲、それにお金への欲求の4つからなる。

《　人間らしさを支える欲望　》
　実は、人間らしさを支えているのも欲望。それは、「自分らしく生きたい」「人に認められたい」「誰かの役に立ちたい」…など。

《　社会的影響の大きい欲望　》
　中でも、周りの人間を支配したいとの自己中心的な欲望が問題となる。この支配欲が権力と結びつくと悪の暴走が起こる。これをどう防ぐかが重要となる。

その3　意志
　いかなる理由があれ、避けなければならないことは、引きこもりや生活不活発病になることだ。

　そのためには、意志、すなわち「ある物事を成し遂げようとする内発的な意欲」が重要となる。

B　内発的な意志・意欲

　では、どのようにしたら、この内発的な意志・意欲が心の奥からほとばしり出るのか。

　それは、次の3つ。
その1　弱い心を乗り越えることだ！

　世の中には、弱気になったことのない人間など一人としていない。その弱い心を乗り越えるたびに、「自分を信じる心」を強くしていったのだ。

　そして、意志・意欲を生み出す「心の奥」を開くカギは、志を高くもつこと、心を清らかにすること、そして、「人間らしい生き方」をすることにある。

その2　失敗を体験することだ！

　誰であれ、失敗した体験の方が、成功した体験より深く心に刻まれる。その失敗と、そこから蘇生（そせい）した体験の中に、自分を大きく変えた原点があるからにほかならない。

　それゆえ、体験した失敗の質が、その人の器を決めている。

　また、できるかどうかも不明な未踏の領域に、立ち向かう勇気が生まれるのも、この失敗体験が、その礎（いしずえ）となっている。

その3　魅力的な人間に出会うことだ！

　君が成功するか否かは、個人の能力よりも人的ネットワークに左右される可能性が高い。

　たとえ、どんなに優れた才能の持ち主であったとしても、それを人々に伝えるための人的ネットワークに恵まれなければ、その価値はゼロに等しい。

　では、魅力的な人的ネットワークを築くためには、どうしたらよいか。
◆ 自分が魅力的な人間になることを目指す。
◆ 自分と意見の異なる人と積極的に会う。
◆ 相手の話を真剣に聴く。その姿勢がないと、新しい情報やアイデアを吸収する機会を逃してしまう。また、信頼関係も生まれにくい。
◆ 社会的地位や知名度とは関係なく、魅力的な人間は身近にいる。しかも、このことに気づけない人は多い。

C　理性系のこころ

　私たちが、このように心の世界を哲学することができるのは、知性や理性が備わっているからだ。

　もしも、人間が思考することができなければ、科学・技術や文化・芸術の発展はない。

　そして、自分を深く探求することも、世界を広く知ることもできなかったに違いない。

《　基本用語の理解　》
◆「知性」とは、物事に対して知識をもとに考え、判断する能力。
◆「理性」とは、物事に対して感情的にならず、論理的に考え、合理的に判断する能力。
◆「感性」とは、物事を心に深く感じ取る働き。それを表現するアートのセンスを含む。

《　理性と善悪　》
　善悪は、固定したものではなく、国家などの、そのコミュニティの多数意見で形成される。

　例えば、国民の多くが、隣国への侵略を、論理的に国益にかなうと判断すれば、その戦争を理性が決めたことになる。
　しかも、人間は、武器を持つと恐怖心が生まれ、軍拡競争が、それを加速させている。
　ゆえに、理知的な思考だけでは、恒久平和が実現できないことは明らかだ。では、何が必要か…

❸ 人間らしい振る舞い「慈悲」

　感情系にも理性系にも属さない「こころ」がある。それが慈悲だ。この慈悲とは、仏教用語であるが、日本が大乗仏教流布の国であるため、普通に使われている。

　その特徴を簡単にまとめると。
その1　見返りを求めない
　ビジネスでは、ギブアンドテイク、ウインウイン、顧客第一などの経営哲学がある。そこには見返りを求める仕組みがあり、お互いにメリットがあるから取引は成立する。

　しかし、この慈悲は、母親が我が子を慈愛するように、一切の見返りを求めない。

その2　反対概念がない
　「可愛さ余って憎さ百倍」が示すように、「愛」と「憎しみ」は、とても不安定な存在である。
　しかし、慈悲には、その反対概念を表す言葉がない。

　それは、「見返りを求めない」だけでなく、「絶対に裏切らない」ことを意味する。

その3　誰もが備えている
　「悪人すら妻子を慈愛する」とあるように、この慈悲心は、

どんな人間にも備わっている。

　そして、この行為は、偽りとも無縁であり、最も「人間らしい振る舞い」と言える。

　いずれにせよ、混迷する世界の課題、すなわち、苦悩する人々、悪化する地球環境、出口の見えない戦争などを抜本的に解決する唯一の力…
　それは、すべての人間がもつ慈悲にある。

4 心は、どのように変化するのか

　ここでは、「心の主体」に影響する要因を明かにして、心を清らかにする方法を考える。

A　清らかな心と濁った心

　本人が自覚しているか否かを別にすると、中学・高校時代に悪友と交わったため、大事な一生を棒に振った人がいるかもしれない。

　また、社会人となって、成功を収めたかに見えた人が不正に手を染めることもある。

　それは、安易な生き方をしていると、心が濁っていき、悪に染まりやすくなるからである。

　本来、人間の心は清らかである。この心を清らかに保つことが、幸福に生き抜くための重要な礎でもある。

　また、清らかな心には、次の作用がある。澄みきった水面に、月が明らかに映るように…

　心が清らかである人は、相手の真意を深く理解することができる。

　逆に、おごり高ぶっていると、表面的な理解にとどまり、それが記憶として深く残ることもない。

B　迷いのない心と迷っている心

　人生の途上では、受験・就職・結婚など、迷うことが多い。

　そして、迷いのない心が決めたときは、それが失敗に終わったとしても、それを「てこ」に何倍もの価値が創造できる。

　しかし、迷いの中で決めたときは、その時の判断を後悔することが少なくない。

　いずれにせよ、心が迷っていたのでは、何事（なにごと）も成就（じょうじゅ）することはない。

　そして、どんなときでも、迷いのない澄んだ心で生き抜くことが重要となる。

C　未完と優越感

　人間は、自然界で唯一の未完成な存在と言われている。

　それは、人類が「限りなく進化していく生き方」を選択した結果でもある。

　人間は、未完な存在であるために悩むことも多いが、それをバネに芸術・文化を発展させ、より深い幸福を獲得してきた。

　未完といっても、出来ないことを出来るようになることではない。

自分の才能を伸ばすために、やりたいことを見つけて、探究心に火をつけることが大事だ。

　だが、それなりの成功を収めると、自分が気づかぬうちに、周りに対して優越感をいだく人間になっていることも多い。

　いずれにせよ、謙虚な気持ちを忘れ、優越感に浸ろうとする生き方には、感動も進歩もない。

❺ 心は、どこにあるのか

心は脳にあると信じている人もいるが、脳にはない。

そこで、脳と心の関係を「TV」と「放送映像」との関係に置き換えて考える。

TVは、受信した電波を電気信号に変換して、映像を映し出しているに過ぎない。

したがって、TVの中を、どんなに探しても映像は見つからない。

脳は「心の座」であるが、脳から心が生まれているわけではない。

では、どこにあるのか。それは「空（くう）という状態」で「生命空間」に溶け込んでいる。それをシンプルに表現すると、次の3層構造となる。

| 日常の意識 |
| 時空の枠を超えた潜在意識層 |
| 普遍的根源層 |

（仏教の経典を参考に作成）

日常の意識とは、「第六識」のことで、知性、理性にもとづく思考力といえる。

　一方、潜在意識とは、この六識の奥に存在する『こころ』の深い内面世界のこと。
　そして、難問解決のための直観や発明のひらめきなども、この深い潜在意識から生み出される。
　また、潜在意識から起こる強い衝動に対し、知性や理性の力だけでは、コントロールできないこともある。

　いずれにせよ、日常の意識は、その奥にある、時空の枠を超えた潜在意識層の支えがあって、円滑に作用することができる。

　さらに、この潜在意識層の奥に「普遍的根源層」があると考えられている。この生命空間では、人類を含めたあらゆる生命がつながっていることを意味する。
　そう考えると、私たち一人ひとりは、この広大無辺な大宇宙とつながっていることになる。
　もし、この普遍的根源層のリズムに調和できたら、きっと、自分を信じる心を強くできるに違いない。

　　　　　　　　　　　　　　　　　Ⅰの部　了

Ⅱの部

心と身体

誰にでも、生きる悩み、老いへの不安、病の苦しみ、死への恐れがある。

　しかし、苦悩がないことが幸せともいえない。

　むしろ、充実した生は、この生老病死に挑み続ける生き方や、他者と苦楽を共にする生き方の中にある。

　それは、人間の生命(いのち)が…
　本来、「自分が輝くことにより、人々に利益をもたらす」ことを指向しているからだ。

　ここでは、次の点を明らかにする。
1　人間を構成する「心」と「身体」の不思議な関係。
2　老いを楽しむ生き方。
3　病気の深い意味。
4　心の病、そして、社会が生み出すストレスとの関係。
5　「なぜ、死ぬのか」「死後は、どうなるのか」を整理。
6　「人は、なぜ眠るのか」など。

1章　心と身体の関係

　人間は、心と物質で構成される身体からできている。

　そして、世の中には、身体が丈夫(じょうぶ)でない人がいる。
　例えば…　いつも、身体に不安を抱えているためか、仕事も、遊びも、心から楽しめない人など。

　また、心の弱い人もいる。
　例えば…　いざとなると、弱気な心に負けてしまい、せっかくのチャンスを逃してしまう人など。

　この問題をどう克服すべきか。
　そのカギが「二にして、しかも、二に非(あら)ず」の言葉に秘められた「心と身体の不思議な関係」にある。

　いずれにせよ、
　　　身体が不調であると、心が安定を失い。
　　　心が定まらないと、身体も活力を失う。

❶ 生を奏でる身体

　考えれば、私たちの身体は、水分、タンパク質、骨などの物質で構成されている。

　さらに、分解していくと、水素、酸素、炭素、カルシウムなどの元素に行きつく。

　しかも、この身体は、たんなる物質の集まりなのではなく、周りの環境に反応して、ダイナミックに主体的な生(せい)を奏(かな)でている。

　そこで、人間の身体の特徴をまとめると。

A　統一体として脈動

　私たちの身体は、決して静的なものではなく、約60兆からなる細胞の一つひとつが自立しながら、ネットワークを構成し、統一体として脈動(みゃくどう)している。

　また、脳、心臓、肺などのすべての臓器も、相互に助け合いながら、統一的な秩序を保っている。

B たえず、変化・成長する

　私たちが知る神秘に、蝶の羽化がある。小さなしずくのような卵の中から目を覚ました幼虫は、むしゃむしゃ食べて大きく成長する。

　やがて、蛹となり、その中で大きく変身（羽化）して蝶になる。

　私たち人間の赤ちゃんも、一つの受精卵から始まる。お母さんのお腹の中で、すべての進化の過程を体験して生まれてくる。

　その後も、変化・成長を続ける身体には、次のような働きがある。

◆ 若々しさを保つための「新陳代謝」。
◆ ケガをしたとき、新しい細胞をつくる「自己修復能力」。この能力がなければ、外科手術は不可能となる。
◆ 細菌やウイルスから身体を守るための「免疫力」。
◆ 血液に集められた老廃物や余分な塩分・水分などを尿として排出する。
◆ 肝臓の「解毒作用」など。

❷ 不思議な関係「心と身体」

　ところで、身体の中で最も複雑な器官である脳には、3つの役割がある。
◆ 物事を考えたり、決定したりする「知的な働き」
◆ 歩く、走るといった「運動をコントロールする働き」
◆ 呼吸を調整するなどの「生命維持の働き」

　そして、この脳に重要な影響を与えているのが心である。
　例えば、同じ仕事であっても、疲れなどで体力に自信が持てないと、とても辛い。そう感じると、ますます、身体に自信を失っていく。
　一方、心が躍動していると、どんな困難に直面しても、心のエネルギーを身体に送り込むことにより、それを乗り越える力が生まれる。

　いずれにせよ、人間を構成する心と身体は、二であっても、しかも、二ではなく一体として脈動する。

　それは、どちらかに優先順位があるのでもない、心を離れて身体はなく、身体を離れて心はない、一体として働く不思議な関係にある。

3 心と遺伝子

　病気は、生活習慣のほか、ストレスや加齢、遺伝的なものなど、複数の要因が複雑に影響し合って発症する。

　そして、遺伝的なものとは、親の特徴が子どもへ受け継がれることをいう。

　例えば、親からガンになりやすい遺伝子配列を受け継いだ人がいたとしても。

　もし、ガンを抑える遺伝子スイッチの働きがオンになれば、ガンになりにくい。

　そして、私達は、このスイッチのオン・オフを調整できる潜在的な力をもっていることも分かってきた。

　そこで、心と遺伝子の関係をまとめると。

　自分の可能性を信じる前向きな生き方と健康的な生活習慣により、このスイッチを良好に保つことができる！

　いずれにせよ、心と身体は密接に連動しているため、心が落ち込んでいると病気にかかりやすく、心が弾んでいると病気にかかり難くなる。

　このことは、遺伝子スイッチの働きも例外ではない。

2章　老いを楽しむ

　どんなに意欲に溢れていても、体を壊してしまっては、元も子もない。
　自由に歩き回れなければ、「社会性」も失われ、やがて、脳の働きも衰えていく。

　この社会性の低下が、老いを加速させていく！

　いくら、先端医療で寿命を延ばすことができたとしても、この老いに対処できなければ、「老衰に苛まれる」ことになる。

　そこで、老いるとは何かを考えることにした。

　心は、身体のように、自然に老いていくわけではない。
　それゆえ、老いを楽しむためには、「哲学すること」と「人とつながること」が大切であるとの結論に至る。

1 老いを知る

　地球上のあらゆる生き物は、その誕生から死ぬまでに、3つの状態をたどる。

　すなわち、成長期、安定期、衰え期。

　人間の場合、この衰え期は、身体機能や防衛機能が次第に衰えていき、それに並行して病気にもかかりやすくなる。この現象を「老い」という。

　このサイクルは、種(しゅ)によって異なる。例えば、アサガオのように、春に発芽し、その年のうちに成長、開花、結実を終えて枯れる…「1年草」もある。
　また、サケは、ベーリング海やアラスカ海を回遊した後、1メートル近い大きさまで成長し、生まれた川に戻ってくる。上流の生まれた故郷にたどり着いたサケは、全力で産卵・放精(ほうせい)し、そして急速に体の代謝(たいしゃ)が低下して死ぬ。

A　野生の生き物は老化しない

　食べる・食べられる関係が厳しい野生では、老化した生き物に生存の余地はない。
　それゆえ、飼い犬などの例外を除けば、結果として、野生の生き物には、人間のような老化はない。

B　人間の老いの特徴

　ここで、その特徴をまとめると。

◆ 老いのスピードは、個人差が大きい。
◆ 人生で最も充実する「味わい深い老い」は、人間のみに与えられている。
◆ 人間は、意欲的に生きることにより、老いのスピードをゆっくりさせることもできる。
◆ 年を重ねることにより、穏やかになるだけでなく、創造力や調整力などの人間的な魅力を高めることもできる。

　そして、誰も避けることのできない、この老いに、どう向き合うかで、人間としての幸不幸も決まる。

2 若さを保つ秘訣

人間は、必ず老いていくが、100才超の高齢者の中には、元気に活躍している人も少なくない。

そこで、若々しさを保つ秘訣(ひけつ)を考える。

A 脳細胞さえも、新しく生まれる

脳の神経細胞は、高齢であっても新しく生まれる。衰え期において、脳を使わなければ脳細胞の死滅が進み、脳の萎縮(いしゅく)が起こる。

しかし、生きがいをもって意欲的に生きるならば、その意志の力で、脳細胞も成長を続ける。

B 脳は使えば使うほど、鍛えられる

人は、考えることを止めると、頭脳は老化し、使えば使うほど明晰(めいせき)になる。40才以降、人間が思慮(しりょ)深くなるのは、このためである。

また、脳の一部が少し老いても、多彩な経験により鍛(きた)えられた高齢者は、脳全体のネットワークを活用することで、脳の機能を維持することができる。

C　決して引退しない
　老いを早めない生活、それは何事においても引退しないことに尽きる。
◆　「60の手習い」とのことわざもあるが、歳に関係なく、興味のあるものには挑戦する。
◆　一人で学習するよりも、多彩な人との触れ合いの中で学ぶことの方が遥かに楽しい。
◆　人と触れることにより、人柄や感情に影響する前頭葉が鍛えられ、感情をコントロールできる穏やかな人物になる。

D　人とつながる
　人間には、健康と同じぐらいに大切なものがある。それが友達だ。それは数ではない、心をゆるせる、愚痴も言い合える、そういう仲だ。
　人間は…
　　　他者と共に生きる存在
　　　生きる意味を考える存在
　　　感情を大切にする存在

3 基本は足腰

　人は誰でも足腰が弱ってくると、一人で立ち上がれない、自分で歩けない。

　そうなると、車椅子、そして寝たきりにつながり、体の機能全体が徐々に弱っていくことになる。

　それは、年を取ったからではない。その背景に「動かないと、動けなくなる」という自然の法則が働いている。

　身体の若さを保つためにすべきこと…

　それは、足腰、すなわち、骨、関節、筋肉などの運動器官を鍛えることである。

　ここでは、骨、毛細血管、腎臓について、若さを保つためのヒントを探る。

A　若さは骨から

　骨の成分の70％は、カルシウム、マグネシウム、リンなどのミネラル成分が占めている。このミネラルの量を骨量という。骨量は20代から40代がピークで、緩やかに減少していく。

　また、古い骨を壊す破骨細胞と新しい骨をつくる骨芽細胞が、常に新陳代謝を繰り返し、10年ですべての骨は入れ替わる。

その1　骨の役割
◆ 体を物理的に支える骨組み。
◆ 体の内部を守る。頭蓋骨や肋骨のように。
◆ 血液の成分である赤血球、白血球、血小板などは、骨の中でつくられる。この部位を骨髄という。
◆ 体内のカルシウム濃度を一定に保つため、骨は「カルシウムの貯蔵庫」としての役割がある。

その2　カルシウムが不足すると
◆ 骨密度の低下により骨折しやすくなる。
◆ 筋肉を動かす仕組みに、カルシウムイオンが深く関わっている。
　これが不足すると筋肉が思うように動かなくなる。
◆ 陸に上がった生き物は、カルシウムが不可欠なため、不足すると骨を溶かして補充する。
　放置すると、骨密度の低下を招き悪循環が起こる。

その3　骨の若さを保つ基本
◆ 骨の細胞は、運動による刺激で活性化するため、適度な運動が欠かせない。
◆ 骨に必要な栄養素、すなわち、カルシウム、ビタミンD、タンパク質、マグネシウムをバランスよくとる。

B　毛細血管のゴースト化

　毛細血管の役割は、すべての細胞に栄養と酸素を届けること。ゴースト化とは、毛細血管が消滅していく現象で、細胞が栄養不足になること。

　例えば…

◆ 肌に栄養分が届かない。そのため、血色も悪くなり、タルミやシワも増え「老(ふ)け顔」になる。

◆ 手足の先に熱が伝わり難くなる。そのため、「冷え性」になる。

　その対策は、教養のある食生活と第2の心臓と言われる「ふくらはぎ」を鍛(きた)える運動を続けることにある。

C　腎臓の老化が人体全体の老化を早める

　腎臓(じんぞう)は、全身に栄養と酸素を運ぶ血管網の司令塔としての役割を果たしている。

　それ以外にも、次の役割がある。

◆ 腎臓は、毎日180リットルもの原尿に対して、汚れた血液を濾過(ろか)し、新鮮な血液に蘇生(そせい)させる。その内1％は、老廃物を含んだ尿として体外に排出する。

◆ 腎臓は、血量と血圧を絶妙にコントロールすることによって、人体が日々元気で活動できるようにしている。

◆ 血液に含まれる塩分、カルシウム、カリウム、リン等の微量元素は、多くても、少なくても、人体には危険となる。この微量元素の量を腎臓が調節している。

多臓器不全は、腎臓の悪化が深く関係している。
　そのため、腎臓を守ることを重視した医療への転換がトレンドとなっている。

　例えば、弱った腎臓は、薬のダメージを受けやすいため、全体的な回復を重視する観点から、服用する薬を減らすことも多い。

3章　病気の深い意味

　人間は、病気になる能力をもっていると同時に、病気を治す力ももっている。
　そして、病気の時期と健康の時期は、波のように交互に繰り返す。

　ゆえに、病気を離れて健康はない、健康を維持するために、あえて病気になる。

　また、病気を通して、人間としての苦しみを理解できるようになり、豊かな人間性が開かれる。

　そして、ほとんどの人は、寿命がくると、穏やかな最期を迎えるために病気になる。

1 病気と健康

A なぜ、病気になるのか

　これは、スウィフト作の小説『ガリバー旅行記』の中にある「不死の人が生まれる国」の話。

　主人公ガリバーは、この国には、決して死ぬことのない「不死人間」が生まれると聞かされ、羨ましく思う。
　すると、住民は不思議そうに、『死なないことが、なぜ、そんなに良いのか』と驚く。

　その実態は、不死であっても不老でないため、年齢を増すごとに、容姿だけでなく、心までもが、頑固で、貪慾で、愚痴っぽくなっている。
　そればかりか、記憶力が衰え、人との会話がうまくできない、食べ物の味も自然な愛情も感じなくなっている。

　彼らは、死にたいと願っているが、死ぬことができない。
　病気には、かかるが、良くも悪くもならず、その症状が続くだけ。

　それは、この不死人間には「病死する力」が与えられていないからだ！

　この章を執筆しているとき、親しい友人が私に問いかけ

た。『一番、ベストな死に方は、何だと思う』と、それは、ピンピンコロリですかね…と答えた。

すると、友人は、『それは、ガンで死ぬことだよ。ガンは余命が宣告されるので、心の整理がゆっくりできるからね』と語った。

そこで、なぜ、病気になるのかを考えると、次のようになる。
- ◆ 穏やかな最期を迎えるために病気になる。
- ◆ 病気を通して、人間としての苦しみを理解できるようになり、豊かな人間性が開かれる。
- ◆ 大病の場合には、人生そのものを見直す機会になる。実際に、大きく変革できた人も多い。

B　健康と病気のサイクルは、生命(いのち)のリズム

私たちの生命(いのち)は、あるときは健康な状態として現れ、あるときは病気の状態として現れる。

見かけ上は、健康と病気は、明らかに異なるが、本質的には切り離すことができないだけでなく、一体として健康と病気のリズムを奏でている。

そして、すべての人間には、病気になる力と病気を自然治癒させる力が備わっている。

それゆえ、誰もが、「健康と病気のサイクル」を楽しむことができる。
　そのためのポイントは、次の通り。

◆ 主観的な健康観をもつ。（　次の節で説明　）
◆ 身体からの声を聴き、無理な働き方をしない。
◆ 休息と睡眠の確保を優先する。
◆ 医者や薬に安易に頼らず、自己に備わった自然治癒力を主力とする。

❷ 主観的な健康観

A　健康とは何か

健康とは、「病気でない状態」でもなく、「検査結果が基準値の範囲内である状態」でもない。

それは、心・身体・生活環境が、ほどよく調和して、「最良の生活の質」を実現している状態をいう。

B　平均寿命と健康寿命

健康寿命とは、「自立した生活ができる期間」のことで、厚生労働省では、「主に日常生活動作や外出が問題なくでき、なおかつ、年齢に応じた社会的役割（仕事・家事・学業）や運動ができる期間」と定義している。

ここで、問題となるのが、平均寿命と健康寿命との差にある。

概（おおむ）ね、2つの寿命差は、男性が9年間、女性が12年間と言われている。約10年間も、車椅子や介護を受けて過ごすことになる。

健康寿命を伸ばすためには、予防医学の考えを取り入れる必要がある。健康の土台は、幼児期につくられるため、できる限り早い時期から始めることが望ましい。

この予防医学の普及により、医者や介護職の不足問題が解決するだけでなく、多くのシニアが「健康に恵まれた生活」をエンジョイできる社会となる。

C　主観的な健康観をもつ

　ここでの主観的な健康観とは、病気や障がいのあるなしではなく、自分が健康だと自覚しているかどうかにある。

　さらに、病気と病人は区別される。

　なお、病気や不調が多くなる高齢者であっても、『自分は、まだまだ元気』と意欲的な人もいれば、『自分は、病人だ、もう若くはない』と弱気な人もいる。

　また、車椅子の人、目の不自由な人、認知症の人などが、生きがいを持って自分らしく生きている、社会でも活躍している、その場合には健康だといえる。

D　孤独は心身の不調を起こす

　今後、高齢者だけでなく、一人暮らしの人が増え、孤独を抱える人が多くなっていくことが予想される。

　人は、連帯すると大きな力を生み出すが、孤独になると、心身が不調になる。

　では、孤独にならないために何をすべきか。

◆ 決して一人では悩まない。問題が深刻化するだけだ。
◆ 何かあった時に、ちょっと手を貸してくれる、愚痴もこぼし合える、そのような人間関係をつくる。

◆ 社会活動に参加すると、様々なタイプの人との交流が刺激となり、意欲だけでなく身体や生活全体が活性化する。
◆ 悩みや苦しみを共有したい場合、同じ悩みで闘(たたか)っている人と仲間をつくることも効果的だ。

3 生活不活発病

人は、動かないと病み、考えないと老いる。
そして、意識して動こうとしないと、動けなくなる…
これこそが、生活不活発病という重い病だ。

この生活不活発病にならないために、次の運動習慣を取り入れること。

- ◆ 運動の基本に「歩行習慣」を取り入れる。
- ◆ とにかく体を動かす。
- ◆ 正しい姿勢を意識する。
- ◆ できる限り多くの筋肉を使う。

その効果は、次の通り。

その1　自律神経が整う
　高血圧や糖尿病などの生活習慣病には、自律神経の乱れが深く関わっている。

　まさに、歩行習慣には、この自律神経の乱れを整える働きがある。

その2　腸が活性化する
　歩行習慣には、腸の働きを正常化する働きがある。便秘

なども解消する。

　また、腸には7割の免疫細胞が集まっているため、腸内環境が良くなると、免疫機能も強化される。

　腸が快調になると、身体に力がみなぎり、疲れ難い体質となる。

その3　運動が全身の臓器を守る
　血管を柔らかくし、血液の流れを良くするホルモンが、心臓から分泌されている。

　これにより血液の循環が良くなれば、脳を含めたすべての臓器が守られることになる。

　驚くことに、このホルモンの分泌を心臓に促しているのは、運動である。

その4　姿勢が正しくないと効果はない
　良い姿勢とは、背筋を伸ばして、体重が左右の足に均等にかかるように真っすぐ立った状態。

　悪い姿勢とは、不自然なバランスの「猫背」や、お腹を突き出し、背中を反らせすぎの「反り腰」をいう。

　姿勢が悪いと膝や腰に負担がかかるだけでなく、転倒しやすくなる。

　また、姿勢が正しくないと、運動が身体への負担となり

効果はない。

その5　できる限り多くの筋肉を使う
　あるとき、私は、左肩に異常を感じ、1年にわたり腕を自由に使うことができなかった。
　その原因は、日常生活の様々な場面で…左肩の筋肉をバランスよく使っていなかった…そのため筋肉の一部が固まったことによる。

　このことが私に、身体に備わる様々な筋肉をバランスよく使うことの重要性を教えてくれた。

　いずれにせよ、運動は義務ではない。自分の体力に応じて、「ほどほどの感覚」で楽しむこと、頑張り過ぎないこと、それが一番大切だ。

4章　増え続ける心の病

かつての4大疾病（しっぺい）、
すなわち、ガン、脳卒中（のうそっちゅう）、急性心筋梗塞（しんきんこうそく）及び糖尿病（とうにょう）は、これに、心の病を加え、5大疾病となっている。

今も増え続ける心の病、その多くは、現代社会が生み出すストレスによって引き起こされている。

そこで…
まず、心の病の特徴とその対処法を理解する。

そして、心の病とストレス社会との関係を整理する。

1 心の病を知る

　悩みや苦しみを抱え、心が沈むことは、誰もが経験する。
　しかし、その症状が長く続く場合には、心の病が疑われる。

　もし、「何かおかしい」と感じたとき、直ぐに行動を起こせば、深刻な心の病になることが避けられる。

　そこで、セルフチェックのためのポイントを示す。

その1　悲しみが、いつまでも続く
　例えば、お母さんを亡くして悲しみにくれ、学校を休む子がいるかもしれない。
　しかし、1週間もすれば、その悲しみをこらえて通学するようになる。半年経っても学校に行けない子は、心が病んでいる可能性が高い。

その2　物事に集中できない
◆ 意欲、集中力などの低下は、身体的な不調でも起こるが、それが2週間以上も続く場合には、心の病を疑う。
◆「考えが浮かばない」「物事が決められない」などは、うつ病の初期症状の場合もある。

その3　不安でしかたがない
- ◆ 不安とは、「漠然とした恐れ」の感情。原因が特定できるときは、「恐怖」という。
- ◆ 不安があると、動悸、発汗など、自律神経の乱れによる不調が現れる。これは、自然な生理反応のため、余り心配し過ぎないこと。
- ◆ 不安は、生きていく上で、かかせない感情。そのおかげでトラブルが回避できると考える。
- ◆ この不安感情が大きければ、心の病を疑う。

その4　無感動になった
- ◆ 感情や表情は、こころのバロメーター、今が幸せかどうかを現わしている。
- ◆ 身体が疲れている場合にも起こるが、それが長く続く場合には、心の病を疑う。

その5　突然の動悸・息苦しさ
- ◆ 突然の動悸、息苦しさ、発汗、胸痛などの身体の異常に襲われ、死の恐怖を感じることがある。
- ◆ 原因も解らず、繰り返し起こるときは、心の病を疑う。

その6　眠れない
- ◆ 寝つきが悪い、途中で何度も目覚めるなど、日々の生活に支障がある場合には、眠れない原因を考える。

◆ その原因を睡眠の仕方に求めるのではなく、仕事の仕方や生活スタイルなどを根本的に見直す。

その7　食欲がない
◆ 不安や緊張などで、一時的に食欲が失われることは、誰でも経験することで、通常、ほどなく回復する。
◆「食べたくても食べられない」状況が、しばらく続くときは、身体の病を疑う。
◆「食べる気が起こらない」状況が長く続く場合には、心の病を疑う。

❷ 社会が生み出すストレス

A　増え続ける心の病

　厚生労働省が3年に一度実施している調査によると、心の病で医療機関に通院・入院している患者数は…
2020年に835万人に達した。
　これは2002年の258万人と比べると、3.2倍も増加していることになる。

　その増加理由として、次のことを認識しておく必要がある。

◆ 心の病は、多くの人がかかる、誰もが発症しうる病気。その中でも、75％の人が25歳までに発症している。
◆ 心の病に対する偏見や誤解も根強くあるため、この病気を正しく理解することが重要。たとえ、心の病になっても、早期治療により回復可能なため、絶望することはない。
◆ 心の病による不調は、ありふれた症状が多く、病気だと気づきにくい。それが、自殺増加の背景になっているとの指摘もあり、とにかく、独りで抱え込まず相談することが最大の予防となる。

B　ストレス社会の背景

　現代社会は、モノが溢れ経済的には豊かになり、科学技術の発達により、より便利で快適な生活を実現している。

　しかし、ますます激しくなる競争社会の中で、多くの人はストレスを抱えており、それが原因で心の病が増え続けている。

　これが「ストレス社会」と言われるものだ。

参考▷ストレスの定義

　心ない言葉であれ、責任の重い仕事であれ、人間は刺激を与えられると、怒りや不安を感じたり、興奮するなど、心が大きく変化する。

　この生体側の歪みを「ストレス」という。

　ストレスは、心の問題に治(おさ)まらず、身体の方にも様々な変化を生じさせる。

　ストレスの主な原因は、収入や家計、仕事と勉強、人間関係、自分の健康、将来への不安などである。

　しかし、現実のストレスは、複数の要因が複雑に絡(から)み合って引き起こされている。

　その主な背景は、次の3つ。

その1　競争社会

　私たちが選んだ資本主義社会では、生き残りをかけて過剰な競争をしている。

　多少、道徳的に問題があっても「勝つことが正義」とする競争社会となっている。

　この矛盾が職場のいたるところで噴出(ふんしゅつ)しているため、まじめに働こうとする人には、大きなストレスとなっている。

その2　管理社会

　階層化する組織は、上から指示を伝えるためには都合がよいが、現場からの意見を吸い上げる仕組みになっていない。

　現実には、眼前の問題点が改善されず、それがストレスの原因になっている。

　また、新しいことに挑戦する機会の少ない職場だと、自分のやりたいことや才能を伸ばす機会に恵まれない。

　これからの社会で生き残れるのは、魅力的な事業体である。その分岐点は、すべての構成員の力を結集できるか否かにかかっている。

　いずれにせよ、意欲や創造力を生み出すためには、一人ひとりの個性に焦点を合わせた事業運営が求められる。

その3　つながりの薄い社会

　競争社会が引き起こす長時間労働が、様々なところで、心と心のつながりを分断している。

　仕事中心の現役時代を過ごしてきた人は、地域社会とのつながりが薄いためか、いざ、退職して時間が生まれても社会参加が難しい。

　また、現在は、65才以上のシニアや子育て世代の女性の中にも、働いている人が多い。そのため、自治会、PTA役員、地域ボランティアなどになってくれる人が少なくなっている。このことも地域のつながりを薄めている。

　今、新しい就活スタイルとして、知名度や待遇ではなく、環境・社会問題などへの取り組みを重視したエシカル（倫理的な）企業を選ぶ学生が増えている。

　そこには、企業を「協同労働体」と捉え、働く仲間同士の「心のつながり」を求めているように感じる。

5章　死を恐れない

　人は、なぜ、死を恐れるのか。その理由として、次の3つが考えられる。

　　1　死は必ず訪れるが、その時期が分からない。
　　2　どうしたら、穏やかな死となるのか。
　　3　死後の世界に対する不安。

　そこで、これらの不安を乗り越えるために、「なぜ、死ぬのか」、「死後は、どうなるのか」などを整理する。

　いずれにせよ、死を恐れない生き方とは、「希望をもって歩む人生」にある。

❶ まず、寿命を知る

A　それぞれの寿命

　人には、それぞれ寿命がある。短い人もいれば、長い人もいる。

　幕末の志士である吉田松陰は29才、高杉晋作は27才、坂本龍馬は31才で没している。短命のようだが、みな、自分の使命を十分果たし、後世に、その名を残している。

　それは天寿を全うした人生といえる。

　そして、誰もが、寿命がきたら、速やかに最期を迎えたいと願っている。

　しかし、医療技術の進歩により、自分で食べることも、動くこともできない病人が、その寿命を延ばしている。

　それは、3章に描かれたガリバー旅行記の「不死の人」と同じ境遇かもしれない。

　いずれにせよ、老衰に苛まれて延命することは、本人にとって、これほどの不幸はない。

　ちなみに、日本以外の国では、食べなくなった高齢者に点滴も経管栄養もしない。

　それは、「脱水や低栄養になっても、苦しまないで楽に死

ぬ」ことが理解されているからだ。

B　死は、思うほど苦しくない

　寿命がきた人にとって、延命よりも、苦しまないことの方が、遥かに重要だ。延命を望むのは家族で、苦しんでいる本人は「もう、逝かせてくれ」と思っている。

　老衰やガン末期の患者の体は、わずかな水分や栄養しか必要としていない。それにも関わらず、点滴で無理やり水分を送り込めば、体が受け付けずに余った水が、患者を苦しめることになる。

　このように、患者が苦しんでいる終末医療を見た人は、「死ぬことは、とても苦しいことだ」と錯覚するのも無理がない。

　余計なことを何もしなければ、誰でも、苦しまずに枯れるように穏やかに死んでいく。

C　いつ、死ぬか分からない

　考えれば、この死ぬ時期が分からないから、人生はおもしろい。
　だからこそ、人は、毎日、毎日を大切にして、充実した時を刻んでいる。

2 生と死は、根本のリズム

　私たちの心と身体は、一体として躍動している。心を離れて身体はなく、身体を離れて心はない。

　ところが、臨終を境に、心と身体が分離するように思える。

　身体の方は、土に還る。

　では、心は、どこに行ってしまったのか。

> **参考▷土に還る**
> 　自然界では、微生物の働きにより、死体は、急速に無機物に分解される。その後、植物を介して、新しい生命体を構成する成分として循環していく。

　老衰が感じられる90代ともなると、自らの死期が分かるのか、「お迎えが来るのを待っている」ことを思わせる言動が目立つ。

　それは、このボロボロの体を脱ぎ捨て、若々しい生命で、再び生まれてくることを望んでいるようだ。

　そこには、苦悩などなく、清らかな安らぎを感じているようにも見える。

　では、心は、死を境に無に帰すのか、それとも、永遠に存在し続けるのか。存在するとしたら、死後の心は、どのように存在するのか。

誰でも睡眠中は、こころを意識することはない。
　では、心が無くなってしまったのか、決してそうではない。朝が来れば、心は、また、活動し始める。

　そして、眠っているときと同じように、死後の心も、能動的に発動できない状態になっている。

　それを、有と無で捉えることはできないが、死後の心は、宇宙生命に溶け込んでいると考える人もいる。

　そして、生命は、条件さえ整えば、いつでも生まれてくる。生まれては死んで、生まれては死んで…
　この生と死をダイナミックに繰り返しながら、生命は永遠に存在し続ける。

3 ライムライト

　驚くことに日本では、10才から44才までの死亡原因の1位（2020年）が、自殺となっている。
　こどもの自殺原因の上位は、学業不振、進路に関する悩み、親子関係の不和、心の病となっているが、本当の原因はなにか。

　その背景には、人とのつながりが薄いことによる孤独感があり、これが根本原因と考える。
◆ 自殺を深刻に考える人は、孤独感に囲まれている。
　　心が萎縮しているためか、未来への希望も、支援してくれる人も目に入らない。
◆ 死を深く考えることは重要だが、それを語り合える大人も身近にいない。

　チャップリン映画の最高傑作「ライムライト」（1952年）。
　その中に、足が動かなくなって絶望し、自殺を図ろうとするバレリーナを励ます場面がある。

　『君は戦おうとしない。たえず病気と死を考えている。
　　　…死と同じく、生も避けられない…
　宇宙にみなぎる力は、地球を動かし木を育てる。
　それは、君の中にある力と同じだ。
　その力を使う、勇気と意志を持つんだ！』。

6章　睡眠の役割

　人類にとって、睡眠時間は、人生の3分の1を占める。
だが、睡眠中に脳で何が起こっているのか…
まだ、謎に包まれている。

　睡眠は、からだを休める時間ではあるが、それは、睡眠がもつ働きの一部に過ぎない。

　人類は、脳を進化させてきた。それは、睡眠の進化なくしては実現できなかった。
　そして、睡眠の本質を究(きわ)めることは、睡眠と深く関連する死を理解することにつながる。

　ここでは、眠りの基本、すなわち「人は、なぜ眠るのか」「眠りの仕組み」「眠りの質をどう高めるか」について考える。

1 人は、なぜ眠るのか
A　睡眠の役割

　人は脳から老いる。そのため、脳の若さを保つ必要がある。その特効薬こそ、希望と快眠にある。
　そこで、睡眠のもつ秘めたる役割を2つ紹介する。

その1　いのちを蘇生させる力
　私は、働き盛りの40代、自宅から通勤することができないほどの食欲不振に襲われた。

　そのため、途中の乗換駅近くにアパートを借りて、日曜日、夕食を終えるとアパートに移り、金曜日、仕事を終えると家族の待つ自宅に戻る、という2重生活を20年間も続けざるをえなかった。

　職場からアパートに帰宅したとき、ドアノブに手が触れた瞬間、止めどもなく涙があふれた。頬を流れる涙は、なぜか甘く、ほんのり温かった。
　それは、仕事の労苦からの解放感、これから布団に横たわることへの安堵感が伝わってきたからだ。

　精根尽きたため、休職を決断、生活の拠点を自宅に戻す。

　ひたすら、眠ることに専念する日々が始まる。

そして、ある時、深い、深い眠りにおちた。
それを境に、快方に向かうこととなる。

その2　記憶などを向上させる力
　楽器の演奏やスポーツの練習をしていて、そのときは上手くできなかったのに、数日後に突然できるようになった経験がある人もいるかもしれない。
　その間は練習をしていなかったのに？

　これは、記憶の強化が、覚醒しているときだけでなく、睡眠中に行われていることを意味する。
　つまり、様々な制約から解放されている睡眠中に、記憶などを向上させる力が働いていたわけである。

B　眠らないと、どうなるのか
　睡眠不足の生活を続けると…
　やる気や集中力が出なくなる。
　疲れやすくもなる、イライラしやすくもなる。

　そして、生活習慣病を引き起こし、老いを早めることになりかねない。

　さらに、生体リズムが狂うと…
　夜になっても眠れない、朝起きられない。

食欲もなくなり、いつも眠い状態になる。

やがて、うつ病などの心の病になりかねない。

❷ 眠りの仕組み

A　3つの動作モード

　脳には、覚醒、レム睡眠、ノンレム睡眠の3つの動作モードがある。

　私たちは、寝ついてから朝まで、ぐっすり寝ているわけではない。一晩の間に、質的にまったく異なる2つの睡眠モードが交互にあらわれる。

《　レム睡眠　》

　レム睡眠時は、身体を休めるため、ぐっすり眠っている。
　だが、脳波が「覚醒している時と似た波形」を示すので、逆説睡眠とも呼ばれる。
　また、夢のほとんどは、このレム睡眠中に起こっている。
　そして、この睡眠モードでは、脳に入ってくる視覚・聴覚などの情報（入力）や、手足などへの身体に対する指令（出力）がオフライン状態にある。

《　ノンレム睡眠　》

　睡眠時間の8割を占めるノンレム睡眠時は、脳を休めるため、眠りの深さを変えながら、ゆったりと眠っている。その眠りの深さは、4段階に分けられる。
　入眠直後には、最も深い眠りが多く現れ、成長ホルモンも分泌される。

いずれにせよ、眠りの質は、眠り開始早々に現れる『深い眠り』が重要で、これがうまくいかないと朝の目覚めが悪くなる。

B　体内時計が刻む生体リズム

　地球上の生き物は、活動期と睡眠をとる休息期を「1日周期」に合わせるための「体内時計」をもっている。

　ところで、人の体内時計の周期は25時間となっている。
　そのため、脳は、住む環境の明暗サイクルに合わせて、そのズレを毎朝修正している。

　なぜ約1時間もずれているのか。
　それは、万が一、生体リズムが狂ったとき、いつでも修正できるように、リセット機能を維持するためである。

C　眠気を誘うホルモン

　睡眠や覚醒のリズムを調整する、脳から分泌されるメラトニンは、夜暗くなると分泌され眠気を誘い、明るくなると分泌が抑えられる。
　しかし、夜に明るい光をあびると、このメラトニンの分泌が抑えられてしまう。

❸ 眠りの質をどう高めるか

A　悩まない

　多くの人を悩ましているのが「眠れない悩み」である。

　明日、試験だから、「早く眠ろう」と意識すると、かえって眠れなくなることもある。

　不眠症は、それを悩むことが原因かもしれない。

　また、眠りは、「能動的な活動」であるため、眠るためには、「眠る力」が必要とされる。

　しかし、薬などに頼ると、本来、誰もが持っている眠る力が衰える。

　その根本的な解決は、不眠に悩まず、自分に合った規則的な生活をして、快眠の好循環をつくることにある。

B　自分に合った眠りを見つける

　地球上の生物の眠りは、多様性に富んでいる。

　例えば、鳥には、飛行しながら眠るもの、海にすむ生物には、泳ぎながら眠るものもいる。それを可能にするために、鳥やイルカは、左右の大脳を交互に眠らせる「半球睡眠」という眠りをしている。

　人間の眠りにも多くのパターンが考えられる。夜にまとめて眠る集中型と2回以上に分けて眠る分割睡眠がある。

　いずれにしても、睡眠には、スタンダードは存在しない。

　どの方法が自分に合っているかは、その人の体質や生活

リズムに関係している。

　一番大切なことは、自分に合った快眠法を見つけて、それを習慣にすること。

C　日々の生活を充実する
　私たちが睡眠に興味をもつのは、生活の質を高め、人生をより愉快(ゆかい)に生きるためだ。

　哲学者カントいわく。「人生の苦労を持ちこたえるには三つのものが役に立つ、それは、希望・睡眠・笑い」と。

　そこで、快眠のための基本を理解する。

その1　教養のある生活リズム・スタイル
　根本的には、睡眠の仕方ではなく、仕事の仕方、生活のリズムの正常化がより大切になる。

その2　自分のための最適な睡眠時間
　睡眠に重要なのは「夜間の睡眠時間」「リズム」「質」「時間帯」を整えること。極力、毎日同じ時間帯に寝起きする。睡眠時間は個人差が非常に大きく、季節、職業、年齢などによっても異なる。

その3　脳の覚醒・睡眠リズムを整える
　夜がくれば、脳からメラトニンが分泌され、眠くなるが、スマホを操作しているとメラトニンが抑えられ、睡眠のリ

ズムが狂う。床に入ったら寝ることに集中すること。

　また、夜更かしで睡眠リズムがずれても、朝日を浴びれば、脳の覚醒・睡眠リズムは正常化する。

その4　睡眠負債に陥らない
　通常の睡眠不足は、数日で解消される。睡眠不足が累積され、生活に支障をきたす状態を睡眠負債という。

　睡眠負債がもたらす症状は、集中力がなくミスが多い、インスリンの活力低下による肥満、記憶力や判断力などの認知能力の低下など。
　睡眠は、健康を支える柱の一つで、食事や運動と同じく優先されるべきものだ。

　いずれにしても、睡眠負債の原因は一つではないため、睡眠法だけでなく、働き方、生活スタイルなどをトータルで見直さなければ、解消することはできない。

その5　寝室の環境は、自分のスタイルに合わせる
　ところで、睡眠中の動物は、いつ襲われるか分からないので、夜中も聴覚は働いている。
　人間の場合でも、寝室を完全に無音にしてしまうと、脳が不安を感じ、音を求めて鋭敏に働いてしまうことがある。

Ⅱの部　心と身体

人にもよるが、無音よりも「外の風や雨の音」が多少聞こえる方が心地よく眠れる。

　また、光も、入眠の妨げにならなければ、真っ暗に、こだわる必要はない。

Ⅱの部　了

Ⅲの部

人間性の探究

誰もが望む民主主義の国では、個人の幸福と国家の繁栄が、必ず一致する。

　それは、独裁者の権勢(けんせい)に怯(おび)えて暮らす社会主義でもなく、勝つことが正義とされる資本主義でもない。

　現代社会の混迷は、社会制度にあるのではない、哲学すること、祈ること、道徳を守る心が薄れたことに、その根本原因がある。

　ゆえに、人類最大のテーマは、人間性をどう高めるかにある。

（　主な論点より転記　）

1章　人間性をどう高めるか

　では、長い人類史の中で、この人間性が高まっていかないのは、いかなる理由によるのか。

　それは、いつの時代であれ、人間、一人ひとりが、『自分の人間性』に目覚めない限り、人類の人間性が高まることはないからだ。

　そこで、人間性を高めるために、次の4つを提案する。

　　1　自分らしく生きる
　　2　哲学することを習慣にする
　　3　自分の内面を深める
　　4　道徳を守る心を強くする

1 生き方の分岐点

　魚が水の中でしか生きられないように、人間もまた、社会の中でしか、生きていくことができない。
　しかし、人間には、社会環境を善い方向に変える力がある。

　そして、人間の生き方は、2つに大別できる。
　それは、環境に従順して生きるのか、環境・境遇をも変える意欲をもって生きるのか、そのどちらかだ。

　環境に従順して生きるのは、楽かもしれないが、目まぐるしく変化する社会に振り回され、「こころの居場所のない人生」をおくることになりかねない。

　環境を変える生き方とは、現在の境遇を嘆かず、生きる意味を考えながら主体的に生きることにある。
　具体的には、次に示す「人間性を高めるための行動」を起こすことだ。

　また、どのような生き物でも、その基本行動は、微生物を含めて外圧に逆らうことにある。そして、人間の本来の生き方は、この環境を変えていく行動にある。

❷ 人間性を高めるための行動

A　自分らしく生きる

　私は、漢字を書くこと、計算することが大の苦手であったが、パソコンの登場により、仕事で困ったことはなかった。

　また、様々な不得意な面もあったが、得意な面を伸ばすことにより、プロフェッショナルとして通用した。

　いずれにせよ、自分を輝かすことができるのは、自分らしく生きる人だ。

　そして、自分らしく生きたとき、才能が開かれ、心も満たされ、生きていることが楽しくなる。

　　　　　　（　Ⅴの部「自分らしく生きる」へ続く　）

B　哲学することを習慣にする

　哲学するとは、哲学を勉強することではなく、哲学的思索や哲学対話を通して、解決したい問題の本質に迫ることである。

　ここで求める「哲学することを習慣にする」とは、日々、「幸福とは何か」「何のために生きるのか」などを問い続けることである。

　　　　　　（　2章「誰もが哲学する社会」へ続く　）

C　自分の内面を深める

　真剣な祈りには、自分の内面世界を深めるだけでなく、自分とその環境世界を善い方向に変えていく力がある。

　また、祈りには、人間を謙虚(けんきょ)にする働きがあり、人間性を高めることができる。

　　　　　　　（　3章「宗教は必要か」へ続く　）

D　道徳を守る心を強くする

　道徳とは、人と人との「善い関係」を作り出す営み。この道徳を守る心は、教えられて身に付くものではない。自発的・能動的に実践することで得られる。

　そして、道徳を守る心を強くするためには、自由な対話を通じて、異なる価値観を受け入れる広い心を育むことにある。

　それは『みんな　なかよく』だ。

　　　　　　　（　4章「道徳〜」へ続く　）

2章　誰もが哲学する社会

　哲学を学ぶ目的は、哲学それ自体を理解することではなく、君自身が「哲学する」ことにある。
　そして、哲学するとは、哲学的思索（しさく）と哲学対話によって「真理を探究する」こと、「価値を創造する」ことにある。

　いずれにしても、人間性であれ、文化であれ、平和であれ、すべては、この哲学対話によって発展する。

　それゆえ、私たちは「幸福とは何か」や「なぜ戦争をするのか」などを哲学的に問い続けなければならない。

　誰もが望む民主主義の国は、「国民あっての国家、個人あっての社会」との考えから始まる。
　ゆえに、それを実現するためには、すべての人々による哲学対話が、その礎（いしずえ）にならなければならない。

1 本当のことを知りたい

A　哲学の語源的由来

　哲学は、フィロソフィーの訳語。フィロソフィーは、古代ギリシャ語の「知ることを愛する」に由来。

　それをシンプルに表現すると、「本当のことを知りたいと求道する」ことにほかならない。

　そう考えると、誰もが哲学者になり得るだけでなく、誰もが哲学者になる時代が、必ず到来する。

B　哲学するとは

その1　何を哲学するのか

　ここで問われるテーマは、自由な発想によって生み出される。

　また、哲学する力を鍛えるための特別なプログラムなどは存在しない。

　そして、この哲学的な問いは、5W1Hの中で、What（〜とは何か）とWhy（なぜ）が関係している。

　Whatとは、「心とは何か」「善悪の基準とは」「公平とは」などの問いである。

　Whyとの問いには、次の2つのパターンがある。

◆ 事象が発生した原因を問うパターン。例えば、「なぜ、いじめが起こるのか」など。
◆ 理由を問うパターン。例えば、「なぜ、このような校則があるのか」など。

　How（いかに）の場合、どんな難問であっても、何を問うているかが明確である。そのゆえ、時間をかければ解決できるので、哲学的な問いにならない。
　調べれば解るものも、当然、除かれる。

その2　哲学するとは、問い続けること
　心から喜べる遊びに目的などない、同様に、この哲学対話にも、特定の着地点などあってはならない。
　学校の授業では、あらかじめ一つの正解が用意されている。
　一方、多様性のある現実社会では、正解は無数にある。あえて言えば、すべてが正解となる。結果は、その後の行動に左右されるからにほかならない。

　いずれにせよ、哲学するとは、「何のために生きるのか」などの根本問題を、一生涯、問い続けることである。

2 哲学をどう実践するか

　現在の混迷する社会を黙視していても、世界が善くなることは決してない。

　世界を変えるためには、一人ひとりが哲学対話を実践するしかない。

A　真理を探究し続ける

　対話と会話は根本的に違う。私たちが日常しているのが会話。

　哲学対話とは、何かの問いに答えようとして… 自分の考えの正しさを確かめようとして… 他者の意見を知ろうとして… 真理を探究するために行う話し合い。

　なお、真理を求める意志さえあれば、誰とでも信頼を結ぶことができる。

　そして、この哲学対話は、「疑う」と「信頼する」との相反する思考作用が不可欠となる。

その1　疑う

　世の中には、普通と思われるスタンダードに合わせることで、自分が多くの人と一緒であることに安心している人もいる。

　見方を変えると、それは、普通信仰に従属した生き方と

も考えられる。

そこで重要なのが「疑う」ことである。
まず、自分の考えを疑う。そして、哲学対話には、猜疑心ではなく、温かみのある懐疑心が強く求められる。

その２　信頼する
対話には、信頼関係が必要である。対話する二人の間に信頼関係があると、不思議なことに、お互いの真意が伝わりやすくなる。

驚くことに、この信頼を礎とした深い哲学対話には、意見が異なったまま、人間を結びつけることもできる。

B　哲学対話を習慣にする
例えば、週１コマまたは２コマの学校授業だけでは、英語が話せるようにはならない。
しかし、英会話を習慣にする仕組みをつくれば、多くの子どもが話せるようになる。
同じように、哲学対話も習慣にしない限り、身に付くことはない。

今、教育現場でも「主体的な学び」や「生きる力」などが求められている。

それを背景に愛知県の布袋小学校では、宿題を廃止して、「家庭学習」に全面移行した。
　その小学校の先生によれば…
『宿題というのは先生が出すよね。みんなのイメージとしては、やらされていた。
　じゃなくて、自分のやりたいことをやってね。
　それが一番のポイントです』と。

　家庭学習は、何をやるか、どれだけやるかも、自分で決められるため、子どもから歓迎されていた。
　また、その範囲も広く、教科に関係のない「料理」「楽器の演奏」「スポーツ」など。この家庭学習により「自ら学ぶ力」が楽しく身に付くに違いない。

　これからの時代は、「自己決定する力」が求められる。
　そこでは「自ら学ぶ力」や「主体的に判断できる力」が身に付いていることが前提になる。

　その礎が、哲学対話を習慣にすることにある。

C　哲学する場を広げる

　哲学対話の効果は「新しさの発見」にある。それは、自分の中に、新しい自分を見出すためのプロセスでもある。

　いずれにせよ、人間性を高めるためには「哲学する」ことが必須となる。そのためには、身近に、多様性をもつ「哲学する場」がなければならない。

　例えば、福島では、2011年の東日本大震災と原発事故をきっかけに「哲学カフェ」と呼ばれる自由な対話の場が市民によって生まれた。
　その理由は、震災の復興、原発事故などを根本的に語り合う必要があったからだ。

　現在では、哲学カフェが日本中で増え、注目されている。

　そして、今、一番求められているのが、子どもが哲学する場である。

　いずれ、哲学が学校の教科となり、高校・大学入試で、『哲学する力』が合否判定の重要な地位を占めるようになるだろう。

　今、なお、世界各地では、悲惨な戦争が続いている。

なぜ、地球市民の声を反映できないのか。平和への道もないのか。

　もし、「哲学対話をする社会」を広げることができれば、人々の連帯が深まり、平和な社会が実現できるはずだ。

　また、哲学カフェで採用されている主な**哲学対話のルール**は、以下の通り。

重要●哲学対話のルール
◆ お互いの人格を尊重し、同格の人間として話す。
◆ 自分の経験や考えで話す。どのような権威にも頼らないで、ひとりの人間として話す。
◆ 他者の意見を傾聴(けいちょう)する。様々な質問をして、話し手の考えを確実に理解する。
◆ 発言するときは、前の意見との関係性を示す。賛成、反対、質問、別の角度からの意見…など。
◆ いつでも、自分の意見を変えることができる。

3章　宗教は必要か

　本来、宗教は、個人の幸福と世界の平和のために存在する。

　現実には、宗教間の争い、宗教による家庭崩壊などの不幸な出来事が、今も続いている。

　その根本原因は、宗教にも、正しい面と誤れる面との2面性があるため。

　そこで、怪しい宗教と関わらないために、「その宗教の意図」を冷静に理解する。

　また、人間には、理性、感情などのほか信仰心がある。この「信じる」という心の働きは、あらゆる人間の営みとも深く結びついている。

　そこで、「祈りの世界」について考える。

　また、社会の多様化や国際化が進む現代は、宗教・思想や価値観・関心事などを異にする人々が、共に生きなければならない時代である。

　そこで「新しい時代の宗教」についても考える。

1 宗教の誕生

　46億年前に誕生した地球は、温度が1,000度以上のマグマで覆（おお）われ、生命が存在できる状況ではなかった。

　そこから、数えきれないほどの奇跡を乗り越えながら、約870万種の生物が生きる自然豊かな惑星になった。

　そして、ほんの20万年前に、現生人類が誕生した。

　やがて、人類は、厳しい生存環境の中を生きるために共同体をつくり、また、どう生きるべきかを探究していった。

A　宗教は、どのような目的で誰が始めたのか

　その目的は、次の2つ。

その1

　共同体があるところ、それを平和的に維持するための集落統合の礎（いしずえ）としての宗教が必要であった。

　それは、争いのために結束するのではなく、平和のために存在した。

　それを支えたものが崇高な平和への祈りにあった。

その2

　人間は、どう生きるべきか、死とは何か、などを根本的に解決するための教えが説かれた。

　誰が始めたのか、それを3つに分類すると。

その1　一神教の世界観をもつ宗教

　キリスト教などでは、唯一の神が存在し、その神によって、人間を含め、すべてが創造されたとされる。

　なお、神が創造主であるためか、人間には、神の実体が分かりづらい。

その2　創設者が明確な宗教

　例えば、仏教は、悟りを得たブッダ（覚者）によって創設された。

　仏教では、一切衆生（すべての人間）もブッダと同じ悟りが得られることが大前提になっている。

その3　創設者が明確でない宗教

　インドのヒンドゥー教、日本の神道など、その他の民族宗教。

B　無宗教の表明

　一神教が広く信じられている文化圏において、無宗教を表明することは、「神の存在を認めない」というかなり過激な考えを意味する。

　そして、日本のように、多くの宗教が流布している文化圏では、その選択肢として、「宗教を信じない生き方」も認められている。

また、日本人で、「自分は、宗教に関心がない」という人は、次のどちらかだ。

タイプ1
　信じるにたる宗教がないという人。
　必ずしも、宗教を深く探究しているわけではない。

タイプ2
　宗教との距離を保ち、深入りしない人。
　それは、宗教が好きではない、または、宗教の危険性を感じている、そのどちらかだ。

　一方、日常の振る舞いを観察すれば、この世界には、信仰心がない人間など、一人としていないようにも感じる。
　信仰心は、理性、感情などとともに、すべての人に備わった心で、捨てることもできないと考える。

2 祈りの世界

　祈りは、人間世界にしかない。この祈りは「神仏の加護を祈る」と「自分の内なる力を信じる」の2つに大別できる。

A　信じるとは

　宗教をどう信じるかは、永遠のテーマである。いずれにせよ、信じるとは、その教えを信じ、実践し、生活の上で実体験することにある

　また、その宗教の教えを自分の言葉で説明できないようでは、その宗教を理解しているとはいえない。

重要●信じる

　信じるとは、一点の曇りのない純粋な心をいう。
　ただし、良識的な理解が伴わなければ、盲信となる。

　考えると、すべての人間行動は、「信じること」から始まる。

　人が信じられないときも、寂(さび)しいが、自分が信じられないときほど、辛(つら)いものはない。

B　深い祈り

「困ったときの神頼み(かみだの)」的な祈りが叶うことはない。

　しかし、真剣な深い祈りには、その願いを叶える力がある。

　その理由は、以下の通り。
◆ 祈りには、自分の内面世界を深める働きがある。
◆ 祈りには、人々を結びつける力があるため、混迷する世界を変革できる。
◆ 祈りは、人間を謙虚(けんきょ)にする。油断や傲慢(ごうまん)さに、自分が破られることを防ぐ。
◆ 具体的な祈りには、なすべき行動を明瞭にする効果があるため、祈りが叶う可能性が高まる。

3 新しい時代の宗教

現代は、平和、政治、経済、教育、農業、気候変動問題など、あらゆる問題が行き詰まり、解決への道筋さえも見えていない。

A　使命を忘れた宗教

この世の中で、最も強固な組織は、国家と宗教団体だ。宗教は、危険性もあるが、それが正しい方向に向かえば、世界平和を実現できる力となる。

しかし、現実は、宗教が、国家や利権に利用されてきた。歴史上繰り返されている宗教間の対立も、宗教教義によるものではなく、その根底にあるのは、世俗的な利権争いにあった。

宗教が、その本来の力を発揮して、これらの世俗争いを鎮めることができれば、国家も宗教も平和的に共存できたはずだ。

日々伝えられるウクライナやイスラエルの悲惨な戦争の状況を知るにつけ、国連や宗教だけに平和の役割を期待できない。

いずれにせよ、確かな道は、地球市民による「哲学対話のネットワーク」を広げるしかない。

社会の中で宗教が、その役割を健全に果たすためには、信頼できる宗教指導者の存在も必要不可欠だ。
　それを実現するためには、宗教団体やその指導者の活動を観察する必要がある。
　この役割を担うのは、政府ではない、国民や信者一人ひとりに、それを行う責任がある。

　そのために、大規模な宗教法人は、事業の内容や財産・収支の状況を記載した年次報告書を開示する必要がある。

　一方、政教分離を厳守する目的は、国家と宗教団体が、「相互の利益のために利用し合うこと」を防ぐことにある。
　その精神が失われると宗教団体が堕落するだけでなく、国家も破綻することになる。

　特に、旧統一教会の問題も含めて、宗教団体それ自体が選挙に深く関与することの是非については、日本の将来のために論議する必要がある。

B　宗教の多様化は、世界共通の現象
　繰り返すが、社会の多様化や国際化が進む現代は、宗教・思想や価値観・関心事などが異なる人々が、共に生きなければならない時代である。
　そして、対立を繰り返すのではなく、心を傾け、対話を

結ぶことが、これからの宗教に求められている。
　それは、この哲学対話こそが、平和を維持するための唯一の方法であるからだ。

　いずれ、宗教の多様化が進むと、宗教の名の下に対立を繰り返す「独善的な主張」は、人々から見放される。

　一方、互いに尊重し合い、哲学対話によって差異を乗り超えようとする人々が増えていけば、人間の連帯が広がる。
　その結果、あらゆる宗教が平和的に共存するのが当たり前となる。

　また、対話によって視野が広がるだけではなく、他宗教の優れた理念を取り入れた方が、自らの宗教を深めることにつながる。
　なお、最近の米国では、キリスト教徒が仏教を取り入れる現象も起きている。

C　自己犠牲行動の問題

　安倍首相殺害の容疑者は、その動機を『母親が家庭を破綻させるほどの献金をした』と述べている。

　この母親にとっては、「家族の生活や息子の将来を犠牲にするほどのお金」…それをいとわず献金することが信仰の強さを示すものとなっていた。

　なお、TV報道を見る限り、母親には、自分がした行動を後悔している様子がなかった。

　それは、どの宗教にも、自分の命を惜しむことなく行動することが、信者の誉れとする考えがあるからだ。

　この「自己犠牲行動を信者の誉れ」とする考えにマインドコントロールされている限り、教団の矛盾に気づけない。

　いずれにしても、周りから求められる自己犠牲の多くは、どのような美辞麗句で飾ろうと、本人にとって、最悪のシナリオであることに早く気づくべきだ。

　ここで、一番、紛らわしい自己犠牲行動と利他行動との違いを整理しておく。

　自己の利益を優先する利己主義行動は、利他行動と対立する。

　一方、他者の利益を配慮した自利行動は、利他行動とつ

ながっていて、自利と利他は両立している。

　また、自己犠牲行動には、そのときだけを観ると美談に見え、共感できる場合もある。

　しかし、本人や周りの家族の悲劇を考えると、その自己犠牲を利他行動の範囲に含めることには無理がある。

　その関連を図で示すと、次のようになる。

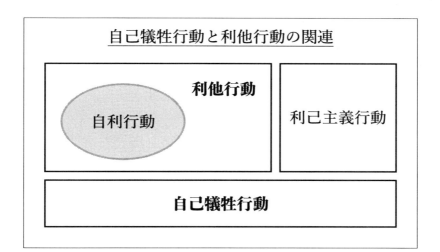

4章　道徳「みんな　なかよく」

　道徳が正式教科に格上げされ「考える道徳」「議論する道徳」への授業転換が図られた。
　この変革の理由は、2011年、大津市の中学生が、いじめを苦に自殺した事件など、学校における深刻ないじめが、全国で起こったことにある。

　子どもたちが、自由な対話を通じて、多様な意見に触れ、異なる価値観を受け入れる広い心を育むことにより、無意味な争いや深刻ないじめが無くなることが期待された。

　世の中には、「規則正しい生活」「ありがとうの気持ち」など、道徳的価値は無数にあるが、その中での究極は「みんな　なかよく」にあると観(かん)じる。

　このたった一つの道徳的価値を実践するなら、悲惨な戦争や深刻ないじめは、この世界からなくなるに違いない。

1 多様な道徳的価値

A 道徳の定着

世の中には「他者と共に生きること」に難しさを感じている人もいる。

しかし、人は、本来、社会的本能により仲間との交流を好み、共に幸福を実現していこうとする存在である。

そのために、人と人との善い関係を作り出す営みが、道徳として定着していった。

そして、「道徳的価値」とは、人々の「道徳的振る舞い」を言葉で表現したもの…すなわち「感謝を忘れない」「ウソをつかない」などをいう。

B 道徳的価値の多様性

私たち一人ひとりの顔や性格が異なるように、善悪の基準や道徳的価値の解釈も、人により幅がある。

また、そのコミュニティごとに大きく異なるという現実がある。

例えば、私が入社した当時、会社には、男性用と女性用の給与テーブルがあり、同じ仕事をしていても、男女の違いだけで、支給される給与には格差があった。

当時の経営陣は、男女の給与に差を設けることが「男女平等」だと考えていたのかもしれない。

世界には、今も、女性の地位がとても低い国がある。
　そして、人種差別、学歴差別などのあらゆる差別は、この「男女差別」という偏見が、その源(みなもと)にある。
　真の「男女平等」が受け入れられる社会が到来すれば、すべての不合理な差別は無くなるに違いない。

　また、道徳的価値が人により異なることが、次のような役割を果たしている。

その1　広い心を育む
　誰もが、自由な対話を通じて、多様な意見に触れることにより、異なる価値観を受け入れる広い心を育むことができる。

その2　一方向への暴走を防ぐ
　道徳的価値の多様性は、そのコミュニティが一方向に暴走することを防ぐのにも役立っている。

C　与えられた環境と求められる道徳的価値

　求められる道徳的価値は、その与えられた環境で、その重点が次のように異なる。

環境区分	主な価値	説　　明
個人	自立	自分を深く知り、自分の器を大きくして自立する。
家庭	愛情	道徳の根幹ともいえる愛情を育む最良の場は、家庭にある。
社会（会社・学校など）	信用	社会では、信用が最重要視される。それは、人間性の確かさや責任感。仕事に対する意欲・能力など。
国家	主権者の自覚と公共心	個人の幸福は国家の平和と深くかかわる。そこで、個人の幸福を実現するためには「主権者としての自覚」をもって、政治に参画する。
地球	地球市民の自覚と広い視野	地球規模の問題に対する公共心の低さが問題。気候変動問題、海洋汚染、ウクライナ・イスラエルでの戦争、香港での人権侵害など。

　人類が活動してきた舞台は、自分の意識した世界、すなわち、地域または国家であった。

　決して、「地球市民との自覚」を持って進化してきたわけではない。

しかし、政治の不透明性、人間関係の希薄化やグローバル化の流れの中で、幸福に生きるためには、その意識する世界を、個人から支え合う協同労働体へ、国民から地球市民へと広げなければならない。

　そのためには、すべての地球市民が、何か一つの価値観・思想・文化に偏らないことが大切となる。

2 道徳的振る舞い

　道徳的振る舞いは、教えられて身に付くものではない。自発的・能動的に実践することによって定着する。

A　道徳的振る舞いの要件

その1　自発・能動でなければ意味はない

　道徳的振る舞いは、すべて自分の心から起こる自発的・能動的な振る舞い。強制力が伴う法律、規則・校則などとは根本的に異なる。

その2　すべて自己決定される

　道徳的振る舞いの基準や評価は自分で考え、すべて自己決定する。

その3　作為(さくい)は続かない

　その振る舞いは、作為的であってはいけない。作為的な振る舞いは偽善(ぎぜん)となり、長続きすることはない。

その4　強制はされない

　誰に対しても、この道徳的価値を強制することは許されない。

B　愛国心について

　善とは、全体を利するための行動であって、特定グループのみを利する行動は悪とつながる。

　そして、人間の行動の基本は、自利を通して利他を実践すること。

　例えば、報酬を上げるために、個人成績を伸ばすことは自利だが、会社にも、広く社会にも利益をもたらすので利他につながる。

　たとえ、国のためであっても、自己犠牲を強いる行為は、利他とは無縁で、特定の権力者を利するだけかもしれない。

　また、エゴイズムは、会社にも、国家にもある。それをどう防ぐのかは難しい。

　特に、本人は、自分のためでなく、会社や国のために身を尽くしていると信じているからである。

　そして「国を愛せよ」との本当の狙いは、「個人よりも国家を優先せよ」と言いたいのかもしれない。

　今や、日本のように2重国籍が認められない国は少数派、世界の4分3の国が2重国籍を認めている。

　いずれにせよ、国民は、国家のものではない。

3 道徳教育の目的

　ここで、道徳を学ぶ目的を再確認する。その目的は、「感謝を忘れない」「ウソをつかない」などの「道徳的価値」を学ぶことではない。

　ましてや、他人の目を気にするようなスケールの小さい人間を育てることではない。

　例えば、周りから評価されたいために「人が見ているときは、ゴミを拾い、見ていなければ何もしない」など。

　これでは、利己主義的な価値観を植え付けることになりかねない。

　それゆえ、いじめや孤独が危惧（きぐ）される中、道徳教育をどう進めるかは、大きなテーマである。

　その目的は、いじめ、戦争、貧困、気候変動などの人間・社会の根本問題と向き合うための主権者教育にある。

　それは、道徳教育と言うよりは、「哲学対話」に近いかもしれない。

　いずれにせよ、子どもにとって、人間的に魅力のある大人に接することが、最高の道徳教育になる。

❹ 大津いじめ事件

　この事件を知ったとき、思わず、一つの詞（ことば）がほとばしり出た。

【　ひとつの生命（いのち）　】
担任である　あなたは　人権学習のエキスパート
姉が「僕がいじめられている」と相談するも
　あなたは　何も対策を行わなかった

クラスメートが「やめさせて欲しい」と嘆願（たんがん）するも
　あなたは　動かなかった

殴るなどの　　いじめを目撃しても
自殺の練習を　強要（きょうよう）されていても
　あなたは「やり過（す）ぎんなよ」と
　笑って見過（みす）ごすだけだった
他の先生も
　誰ひとり関心を示すことはなかった

地獄（じごく）のような　苦悩（くのう）の日々が続き
誰も助けてくれないと　覚（さと）った時
　ついに　僕の心は決まった

ひとつの生命(いのち)をもって　僕が伝えたかったこと
　濁(にご)った人の目に　　いじめは映(うつ)らない
　濁(にご)った人の心に　　この精神的苦痛は伝わらない

ひとたび　多数を握った集団力には
　悪人を善人に　　変える力もあるが
　善人を悪人に　　変えてしまう力がある
　勇気は　　　　　心を清(きよ)らかにするが
　保身は　　　　　心を悪に染(そ)める
　共感の輪は　　　思いやりの心を育むが
　傍観(ぼうかん)の連鎖(れんさ)は　悪の暴走(ぼうそう)を許す

その卑劣(ひれつ)な心は　永遠に生命(いのち)に刻(きざ)まれる

5章　多様な社会ルール

　私たちは、次に示す社会ルールに囲まれて生活している。
　　◆ 国や地方自治体が定めた法令
　　◆ 学校や会社が制定した校則や就業規則など
　　◆ 知らないと恥をかくマナー
　　◆ 守らないと仲間にしてもらえない「しきたり」
　社会ルールの中には、罰則のあるものもあるが、必ずしも、それだけで守られているわけではない。

　国民の代表である国会議員が、政治資金集めのために、パーティー券を乱発することも問題であるが、これに関連して「裏金作り」にも手を染めてしまった。
　今回の不正は、法令などで、どのように規制しようとも防ぐことはできない。不正を行うのが人間である以上、それを防ぐことができるのも人間しかいない。
　いずれにせよ、多様な社会ルールを支えている土台は、一人ひとりの内面に熟成された「自分の行動を律する心の強さ」にある。

1 しきたりを考える

　その地域・会社などで、古くから行われてきたやり方を「そこでのしきたり」という。

　そして、学校・会社での生活を円滑（えんかつ）に営むためには、明文化された校則や就業規則だけでなく、そこでのしきたりに慣（な）れることが重要となる。

《　郷（ごう）に入（い）っては郷に従え　》

　これは、風俗や習慣は、その土地によって違うから、新しい土地に来たら、その土地の風俗や習慣に従うべきだということわざ。

　そこでは、ただ従うのではなく、自由な対話を通じて、多様な意見に触れ、異なる価値観を受け入れる広い心で向き合うこと。

　では、どうしても、入社した会社の社風が自分に合わない場合は、どうするのか。

　しきたりは、どこのコミュニティも同じではなく、個性的で意外性もあるので、もしかしたら、転職した方が良い場合がある。

2 校則を考える

　教育の目的が主権者の育成にあると考えると、校則作りにも、生徒が主体的に関わる必要がある。

　ここでは、校則の問題を取り上げ、ルールを守ることの意味を理解する。

A　なぜ、校則がブラックなのか

　校則は、子どもを縛るためのものではない、子どもたちが、安心して学べる教育環境を提供することにある。

　そして、これだけ多様性が重視される時代であるにも関わらず、細かい禁止事項が余りにも多い。

　そこで、ブラックの特徴を挙げると。
その1　現実の社会と遊離している
　今の時代では、ありえないルールが定められているケースもあった。極端な例だが…

◆ 髪を染めることを禁止しているにも関わらず、黒髪へのこだわりが強い学校では、生まれつき髪色が明るいだけで、黒く染めることが要求されることも。
◆ うなじが男子の欲情をそそるとの理由で、清潔感のあるポニーテールが禁止されることも。

　学校は、社会の縮図であり、社会の価値観を学ぶための重要な機会でもある。

そこでは、いかなる理由があっても、現実の社会とかけ離れたルールを校則に含めることは許されない。

その2　禁止理由が説明できていない
　校則を守らせることが、校則の目的ではない。それが守られるためには、誰もが納得できる校則であることが前提になる。

◆ 校則の目的が学校側の都合、すなわち「学校の風紀を守る」「子どもを指導する道具」などにあると、その禁止理由の説明に具体性が欠ける。
◆ 学校という閉鎖された社会に安住していると、社会の価値観の変化に対応できなくなる。

　その禁止理由が説明できていないことが、ブラックのブラックたる理由かもしれない。

B　ルールを守ることの意味
　では、「校則の必要性」と「校則が守るべきもの」とは何か。

《　校則の必要性　》
　学校も社会である以上、そこに一定のルールが必要だ。
　しかし、学校のような小さなコミュニティであれば、明

文化された細かい校則で、生徒を縛る必要性は、少ないかもしれない。

　厳しい校則が必要と考えること自体、生徒を信頼していないことになる。信頼関係を前提とした、シンプルなルールを目指すべきと考える。

《　校則が守るべきもの　》
　校則が守るべきものは、校則それ自体ではなく、いじめなどのない、安心して学べる教育環境を守ることにある。

　そのために本当に必要なもの、それは、「自分を律する心を強くする」ことにほかならない。
　それを行うための場所が学校であり、多彩な価値観をもった豊かな人間をつくることこそが、教育の目的ではないだろうか。

　　　　　　　　　　　　　　　　　Ⅲの部　了

Ⅳの部

個人の尊重と国家

その一歩は、自分を尊重することから始まる。自分を大切にできない人には、他者を尊重することはできない。
　また、誰であれ、他者から尊重されることほど、心が満たされるものはない。

　いずれにせよ、私たちは、争いの絶えることのない世界に生きている。
　しかも、地球は一つ、逃れる場所などはどこにもない。

　考えるまでもなく、世界平和の礎(いしずえ)は、すべての人間が、個人を尊重し合うことにある。

（　主な論点より転記　）

1章　個人の尊重

　ここでは、個人をどう尊重するかを理解するために、日本国憲法と世界宗教の両面から、その意味を考える。

　また、平等をどう実現するかを理解するために、日本国憲法の「法の下の平等」と「形式基準と実質基準との違い」について、その意味を考える。

　では、どのようにしたら、個人を尊重する行動が起こせるのか。

　差し障りのない表面的な付き合いからは、他者を尊重する感情は起こらない。
　だが、内面の広大な世界を触発し合うならば、人間の素晴らしさを体験できるはずだ。

1 個人をどう尊重するか

　まず、個人を尊重することの意味を考える。
　では、憲法や宗教は、個人の尊重をどのように言っているか。

A　日本国憲法では

　憲法13条は、「すべての国民は、個人として尊重される」と規定している。
　そのポイントは次の通り。

◆ 個々の人間は、その多様な存在のまま尊重されなければならない。

◆ どのようなときも「その人の意見には反対だけど、その人が、そのような意見を言う自由は尊重する」という寛容の姿勢が求められる。

◆ 他者の人権を無視するような無責任な言動や匿名によるフェイク情報の拡散などは許されない。

B 宗教の教えでは

どのコミュニティでも、個人の尊重は、最重要課題だ。そこで、主な世界宗教の教えを確認する。

区　分	教えの基本	現実の世界
釈迦(しゃか)	一切衆生を仏のように敬(うやま)いなさい。	どこでも、人権侵害は、後を絶たない。
イエス	隣人を自分のように愛しなさい。	隣国との悲惨な戦争は、今も続いている。
孔子(こうし)	自分が、人からされたくないことを、人にしてはいけない。	陰湿ないじめは、無くなっていない。

これらの教えは、誰もが知っているはずだが、人間の心を動かす力がないためか、現実は、教えの基本とは、ほど遠い世界となっている。

C 個性を尊重する意味

生成AIなどが普及する時代になると、個性のない人は、社会での活躍の舞台が狭くなる。

これからの社会の発展は、「個性の尊重」なくして成り立たない。

そこで、Ⅴの部の「3章　才能をどう開くか」で、詳しく検討する。

❷ 平等をどう実現するか
A 憲法では
　憲法14条は、「すべての国民は、法の下に平等であって、人種、信条…において差別されない」と規定している。

　現実は、年齢、性別、学歴、収入などの違いがある。平等の理解を深めるためには、この差異を正しく認識することが必要となる。

　平等の本質は、個人の尊重と表裏の関係にあり、どのような差別的な扱いもしない、されないことにある。

　さらに、人間のもつ本来の価値に目覚めれば、相対的な差異など問題ではなく、誰にでも無限の可能性がある。

B 形式基準と実質基準
　平等には、形式基準と実質基準の2つがある。これは、どちらかが、一方的に優れているのではなく、その対象により優劣が決まる。

　例えば、国民に5万円を支給する場合、所得制限を設けると、事務手続きが煩雑になるだけでなく、新たな不公平を引き起こす。たった1円の差で支給されなかった人など。そこで、一律に支給される方法も採用される。

　一方、個人の所得税は、どこの国も担税能力に応じて累進課税を採用している。そのイメージを計算例で示すと。

(単位：万円)

課税所得	税率	税金	可処分所得 （自由に使えるお金）
5,000	50%	2,500	2,500
500	10%	50	450

　このように、税法は「実質課税の原則」に従い、課税の公平を図っている。

　また、障害者差別解消法は、障害のある人への「合理的配慮の提供」を事業者などに義務づけている。

C　機会の平等と結果の調整

　そのポイントは次の通り。

◆ 誰もが、生まれ、学歴、職歴、意見などで差別されないで、人物本位で評価されるようにする。
◆ 劣った点があっても、その人の優れた点を生かして、社会貢献への道を支援する。
◆ 出遅れた人をバックアップするために、職業訓練所や再入学などの充実をはかる。
◆ 経済的な格差が拡大しないように、非正規雇用の格差問題やベーシックインカムの導入を真剣に考える。

2章　人権を考える

歴史をさかのぼると…
人類は、お互いを尊重し、自分らしく、自由に生きていた。

ところが、限られた者への富の蓄積(ちくせき)や権力の集中が起こると、弱いものへの人権侵害が始まった。

そこで、この人権問題を次の視点から考える。
1　人権のバックボーン
2　身近な人権侵害
3　人権は、誰が守るのか
4　人権運動の歴史

1 人権のバックボーン

　人権とは、誰もが、人間として幸せに生きていくために必要とされる、自由、平等などの権利をいう。

　では、この権利を支えるバックボーンは何か。

その1　固有性

　すべての人は、幸福になるために、自分らしく、自由に生きる権利がある。

　この権利は、誰もが生まれながらに持っている。いかなる公権力も侵せない。

その2　普遍性・平等性

　すべての人は、平等、かつ、無条件に尊重されるべき権利がある。

　それは、貧富、社会的地位、社会への貢献度、政治的意見などの理由により差別されない。

その3　相互依存性・不可侵性

　そして、自分の人権を守ることと、他者の人権を守ることは、表裏一体の関係にある。

　また、人権は、他者に譲り渡すこともできない、奪われることもない。

Ⅳの部　個人の尊重と国家

❷ 身近な人権侵害

　人は、なぜ、人権侵害を繰り返すのか、なぜ、そのことに気づけないのか。

A　子どもに関する人権侵害
その1　虐待・ネグレクト

　虐待には、殴る・蹴るなどの「身体的虐待」だけでなく、傷つくことを言う・無視する・兄弟で差別するなどの「心理的虐待」もある。また、食事・風呂・着替えの世話をしないなどの「ネグレクト」がある。

　これらの行為は、「子どもを尊重する」ことの大切さやその楽しさを知らないことに、その根本原因がある。

その2　いじめ

　いじめは、コミュニティが存在するところなら、どこでも起こり得る。

　いじめは、加害者の意図だけでなく、周りの環境や状況が複雑に絡み合っている。

　たとえ、いじめが起こる可能性があったとしても、人権意識を持ったクラスメートが数人いるだけで、その発生を防止できると言われている。

　いずれにせよ、幾人かが、勇気をもって、人権を守る行動を起こせば、いじめ問題の多くを解決できるはずだ。

その3　ヤングケアラー

　ヤングケアラーとは、本来、大人が担うべき家事や家族の世話などを日常的に行っている子どものこと。

　それは、子どものための時間、すなわち、勉強に励む時間、部活に打ち込む時間、将来の夢を考える時間、友人と遊ぶ時間…などを犠牲にして、家事や家族の世話をしていることを意味する。

　この原因は、「家族の誰かが倒れたら、動けるのは子どもだけ」という社会の構造にある。

　一つには、家族以外の誰かが担う仕組みをつくることも必要かもしれないが…。

　抜本的には、子育て中の共働きや長時間労働をしなくても、余裕のある生活ができる社会の実現にある。

B　戦争による人権侵害

　民間人を含む無差別殺害が日常化している「狂気の戦争」は、最悪の人権侵害に当たる。

　このような戦争を容認する国や国民がいる限り、この地球から、どのような人権侵害も根絶できない。

　いずれにせよ、あくなき武力の増強だけでは、自国民の生命・財産・人権は守れない。

❸ 人権は、誰が守るのか

　人権に関する法的な整備は進んでいるにも関わらず、人権侵害がなくなる気配はない。

　では、私たちの人権を、誰が守るのか。

　それは、国連でも、国でも、地域社会などでもない。

A　自分の人権のみを主張する社会

　利己主義的な人々が、自分の欲望を満たすために、自分の権利のみを主張し合ったら、どうなるか。

　次のような社会に移行する危険性もある。

◆ 欲望と欲望が衝突して、国は乱れ収拾がつかなくなる。
◆ 強い規制が必要となり、AIなどを活用した監視社会の道を開くことになる。
◆ 超中央集権的な国家が成立すれば、個人間の争いは抑えられるが、自由のない生活を強いられることになる。

B　互いに人権を尊重する社会

　すべての人が他者の人権を守る。そうすれば、自ずと自分の人権が守られる社会となる。

　では、どうしたら、そのような社会を実現できるのか。

◆ 憲法・法律や行政が、どんなに立派な仕組みを用意しても、それだけでは何も機能しない。
◆ この人権の担い手は、主権者としての自覚をもつ国民一人ひとりにある。
◆ 自分の権利を行使するにあたり、注意すべき点は、無責任な自己主張、フェイク情報の拡散、他者の人権を否定する行為などを行わないこと。

C 働き方改革

　働き方改革により、限られた時間の中で効率的に働き、休息や休日もしっかりとれる環境や、柔軟な働き方が可能な職場も増えてきた。

　しかし、長時間労働や過労死の問題は、仕事の効率化や業務量の適正化だけでは、解決できる問題ではない。
　それは、周りの人への優しさ、助け合う行動が欠けていることにある。

　それゆえ、過労死は、職場における「無関心という名の人権侵害」と捉えることもできる。
　この問題が抱える深刻さは、誰からも、この人権侵害行為を止めさせるための声が上がらないことにある。

4 人権運動の歴史

　人権運動は、耐えがたい人権侵害に対して、無名の多くの市民の連帯により起こった。
　これは、過去の話ではない、現在も、戦争、過酷な労働、いじめ、虐待など、人権侵害は身近で起こっている。

　ここで、その大まかな歴史をたどってみよう。

A　1215年のイギリス

　国王の権限を制限した革命的な憲章「マグナ・カルタ」が国王と貴族の間で取り交わされた。
　この出来事が現代の立憲主義の礎(いしずえ)となったと評価されている。
　それは、国王、すなわち、「人」による支配から、憲章という「法」による支配へと、安心できる社会制度へ、一歩踏み出したことを意味する。

B　18世紀後半のフランス

　悪政に苦しむ市民が、国王の支配を打ち破ろうと革命を起こした。
　このフランス革命で勝利した市民は、「人は、生まれながらに、自由で平等な権利をもつ」と宣言した。

C　1948年の世界人権宣言の採択

　世界戦争がもたらした、広島・長崎への原爆投下やナチスによるユダヤ人大虐殺などの凄惨(せいさん)な人権侵害を、この地球からなくすために…

　すべての人が、すべての人の人権を守るために、理性と良心で行動しなければならないことを宣言した。

D　そして、現在

　いつの時代であれ、貧富や権力の格差などを背景に、強い権限をもった権力者などが現れると、人権侵害が起こっていた。

　そして、人類は、長い労苦と試練の中で、法的に人権を守るための権利を明文化していった。

　残念ながら、私たちが暮らす現在でも、人権が十分守られているとは言えない。

　2022年から、ウクライナやイスラエルでは、悲惨な戦争の犠牲者が毎日のように発生している。

　いずれにせよ、どんなに立派な法的な枠組みを作ったとして、何も解決しない。

　すべては、地球市民としての「人権意識の変革」にかかっている。

3章　世界人権宣言

　いかなる誤りによるのか…
　私たちは、争いの絶えることのない世界に生きている。

　しかも、地球は一つ、自分が住む国も一つ、逃れる場所など、どこにもない。

　では、すべての人間が穏やかに生きていくためには…互いに、何を守らなければならないのか。

　それをまとめたものが、「世界人権宣言」。

　ここでは、人権の基準を理解するために、30ケ条からなる世界人権宣言の本文を確認する。

1 宣言のあらまし

　第二次世界大戦が終わり、1948年、国連総会で世界人権宣言が採択された。このことが、世界中に人権が広まるきっかけとなる。

　この宣言は、「すべての人民とすべての国とが達成すべき共通の基準としての人権」を示している。

　なお、この宣言は、**条約**ではなく、「共通の基準」であるため、加盟国に対して法的拘束力はない。

　1966年、国連は、この宣言の主旨を実現するために、法的拘束力のある「国際人権規約」を採択した。

　このほか、女性差別撤廃条約、人種差別撤廃条約、拷問等禁止条約、子どもの権利条約などがある。

　しかし、核兵器禁止条約など、まだ、日本では締結されていない条約もある。

参考▷条約

　国家間の約束である条約が、日本において法的効力をもつためには、以下の手続きが必要となる。

◆ 国会の承認を条件に、内閣が締結する。
◆ 必要ならば、それに対応する国内法を整備する。

Ⅳの部　個人の尊重と国家

❷ 世界人権宣言の内容

　世界人権宣言の名称は、誰もが知っているが、その内容まで理解している人は、少ないかもしれない。
　この宣言は、あらゆる人権運動の土台となっているため、その精神をここで理解する。

　なお、以下の日本語訳は、神戸大学web掲載の「世界人権宣言（和文・英文）」を参考に作成した。

第1条
　すべての人間は、生まれながらにして自由であり、かつ、尊厳（そんげん）と権利とにおいて平等である。
　そして、人間は、理性と良心とを備えており、互いに助け合うことができるはずだ。

第2条
　すべての人は、生まれ、人種、皮膚の色、性、言語、宗教、政治的意見や、そのほかの意見などの違いを理由に差別されるべきではない。
　また、どこの国で生きていようとも、差別されることもない。

第3条
　すべての人は、自由に安心して生きる権利がある。

第4条
　何人も、奴隷（どれい）のような扱いを受けるべきではない。

また、人を商品のように売買してはならない。

　注）「何人も」は、原文【No one】の訳語で、「なんぴとも」と読む。

第5条

　何人も、ひどい仕打ちなどによって辱（はずかし）められることはない。

第6条

　すべての人は、どこにいても、法の下において、一人の人間として認められる権利がある。

第7条

　すべての人は、いかなる差別からも、平等に守られる権利がある。

第8条

　すべての人は、憲法や法律で守られた基本的な権利が侵害（しんがい）されたときは、裁判（さいばん）をおこし、その権利を回復させることができる。

第9条

　何人も、ほしいままに逮捕（たいほ）されたり、拘束（こうそく）されたり、追放（ついほう）されることはない。

第10条

　たとえ悪いことをして裁（さば）かれるときでも、すべての人は、裁判所による公正な公開の裁判を受ける権利がある。

第11条

　罪で訴えられた人は、裁判において有罪の立証があるま

では、無罪と推定（すいてい）される。

　また、罪を犯したときの法律によってのみ、罰を受ける。

第12条

　何人も、プライベートなことや通信（メールなど）の内容について、人から干渉（かんしょう）されることはない。

　もし、名誉や信用が傷つけられたときは、法律で守ってもらう権利がある。

第13条

　すべての人は、自国であれば、どこへも自由に行けるし、住むこともできる。

　また、別の国にも行けるし、自国に戻ることもできる。

第14条

　すべての人は、ひどく追い詰められたときは、他国に逃れる権利がある。

第15条

　すべての人は、国籍（こくせき）を持つ権利がある。

　何人も、国籍を奪われ、または、その国籍を変える権利を否定されることはない。

第16条

　成人した男女は、好きな人と結婚をし、家庭を持つことができる。

　また、結婚、家庭生活、離婚も二人で決める。

　家族は、人がつくる一番小さな集団で、社会や国から守ってもらう権利がある。

第17条

すべての人は、財産を所有する権利がある。

いかなる場合でも、自己の財産を奪われることはない。

第18条

すべての人は、自由に考える権利がある。

この権利には、考えを変える自由や、他の人と共に考えを広める自由も含まれる。

第19条

すべての人は、自由に意見を言う権利がある。

何人も、干渉されることなく、あらゆる手段（インターネットなど）を通じて、国を越えると否とにかかわりなく、情報や意見を共有することができる。

第20条

すべての人は、平和的集会やグループをつくることができる。

何人も、グループに属することを強制されない。

第21条

すべての人は、自由な選挙によって政治に参加できる。

すべての人は、公務員（国会議員や地方議員も含む）になる権利がある。

選挙は、誰もが平等に参加でき、誰に投票したのかが分からない仕組みでなければならない。

第22条

すべての人は、人間らしく生きるために、合理的に配慮

Ⅳの部　個人の尊重と国家

された社会保障を受ける権利がある。

第23条

　すべての人は、職業を自由に選んで働く権利がある。

　また、公正な条件で働き、失業したときには、保護を受ける権利がある。

　すべての人は、自己の利益を保護するために労働組合を組織し、これに参加する権利がある。

第24条

　すべての人は、労働時間の合理的な制限及び休憩や休日をもつ権利がある。

第25条

　すべての人は、家族と共に健康で幸せな生活を送る権利がある。

　病気になったり、年をとったりして、生活が苦しくなったときは、社会保障を受ける権利がある。

第26条

　すべての人は、教育を受ける権利がある。少なくとも、小・中学校は、誰でも無料で行ける。

　高校や専門学校、大学も能力に応じて、等しく開かれていなければならない。

　教育の目的は、個人の個性や能力を伸ばすこと、そして、人としての自由と権利を大切にする人を育てることにある。

第27条

　すべての人は、自由に、文化的な活動に参加したり、芸

術を鑑賞したり、科学の進歩とその恩恵とにあずかる権利がある。

　すべての人は、その創作した科学的、文学的又は美術的作品から生ずる利益を受け取る権利がある。

第28条

　この宣言に書いてある自由や権利は、世界のどこであっても守られるべきだ。

第29条

　私たちは、すべての人の自由と権利を守り、平穏な社会をつくるための義務を負っている。

　自分の自由と権利は、他の人の自由と権利を守るときにのみ制限される。

第30条

　この宣言のどの条項も、ほかの人の自由と権利を壊すために使ってはいけない。

　いずれかの国、集団、個人にも、そのような権利はない。

4章　国家と基本的人権

　いつの時代も悲惨な人権侵害は、国家権力が起こしてきた。その最たる人権侵害こそ、戦争の遂行(すいこう)にほかならない。
　誰であれ、戦場に立てば、必ず人を殺さざるを得ない。
　なぜなら「自分がやられる前に、相手を殺す」ことが、唯一の行動基準であるからだ。

　日本国憲法は、その柱として、国民主権、基本的人権の尊重、平和主義の3つを掲げている。
　だが、この憲法の恩恵(おんけい)に浴(よく)していると考えている人は、そう多くはない。
　世界人権宣言や憲法で、いくら人権を宣言しても、それだけで、国民ひとり一人の人権が守られるわけでもない。

　では、どう行動すれば善いのか。
　それは、すべての人が、世界人権宣言や憲法の精神を深く理解し、現実の政治を動かすことである。

1 基本的人権

A 憲法は誰のためにあるのか

憲法は、権力者のためにあるのではなく、最高法規として、国家権力を制限し、国民の自由と権利を守るためにある。

> **重要●憲法99条**
> この条文には、憲法を守らなければならない人が列挙されている。総理大臣、国会議員、裁判官など。
> そして、重要なのは、「国民」が入っていないことだ。

B 基本的人権の内容

日本国憲法に定められている人権を「基本的人権」とよび、その主な内容は、次の5つ。

◆ 自由権：国家権力による制約を受けずに、自由に考え行動できる権利。
◆ 平等権：生まれ、性別や年齢、職業などに関係なく、等しい扱いを受ける権利。
◆ 社会権：「最低限の助力をしてほしい」と言える権利。生存権、教育を受ける権利、労働3権など。
◆ 基本的人権を守るための権利：参政権、裁判を受ける権利など。
◆ 新しい人権：憲法に書かれていないが、認められている権利。プライバシー権、知る権利など。

Ⅳの部　個人の尊重と国家

C　憲法と法律の違い

まず、憲法と法律の主な違いを理解する。

その1　格が違う

憲法は、最高法規であるため、その条項に反する法律は無効となる。

よって、最高裁判所が違憲判決を出した場合には、一度制定された法律が無効となり、国会に対して速やかな是正を求めることになる。

その2　規制する対象が違う

憲法は、国民が国家を規制するための法規、一方、法律は、国家が国民を規制するための法規である。

その主な働きは次の通り。

《　憲法　》

◆ 三権分立や参政権などの国家統治の基本原理を定めることにより、国家権力の暴走を防いでいる。

◆ 基本的人権が侵害されないために、その権利を定めた憲法が国民を守っている。

◆ 国は、すべての国民の基本的人権が守られるように保護しなければならない。

《　法律　》

法律は、国権の最高機関である国会の決議で成立する。

なお、この法律の中でも、民法と刑法は、重要であるため、簡単に説明する。

民法があることにより、個人や法人といった私人の権利が保護され、円滑な経済活動が可能となっている。

また、結婚の条件や遺産分割などのルールも、ここに定められている。

刑法では、社会の秩序を維持するために、罪に対して刑罰を科すことを明示し、犯罪を抑制している。

Ⅳの部　個人の尊重と国家

2 国民主権と国家権力

A　国民主権とは

　この国は、誰のものでもない。みんながつくっている。

　そこで、「みんなが日本という国の主人公」という考えを国民主権という。

　小さな共同体と異なり、国を治めるためには、次のことが重要になる。

- ◆ 社会の秩序と国民の幸福を実現するための「国家統治の仕組み」をどのようにするのか。
- ◆ 強い統治権力をもつリーダーである**内閣総理大臣**をどのように選ぶのか。

参考▷内閣総理大臣

　日本では、大統領制のように、国のリーダーを国民が直接選ばない。

　リーダーである内閣総理大臣は、国政選挙によって選ばれた国会議員が選ぶ。

　それゆえ、この国民主権が実際に機能するのは、国政選挙のときである。

　具体的には、国民が政治に参加できる権利を憲法15条で「参政権」として定めている。

その参政権の主なものは、次の2つ。
- ◆ 国民が代表者を選ぶ権利
- ◆ 代表者を選ぶ選挙に立候補できる権利

> **参考▷憲法には被選挙権を定めた条文がない**
> 　被選挙権は、選挙権と表裏一体と考え、選挙権を定めた憲法15条を根拠に、被選挙権が保障されていると説明されている。

B　誰もが立候補できる権利

　かなり以前から地方議会では、議員への立候補者不足で、頭を抱えている自治体もある。

　それ以上、深刻なのは、国政に参画する国会議員の質かもしれない。

　2023年11月には、副大臣・政務官という重責を担う国会議員が税金滞納や不倫といった問題で、短期間に3人も辞任するという異常事態が起きている。

　国民から信頼・評価される政治家が登場しない限り、投票率や内閣支持率の低さが、解消されることはない。
　すべての国民は、国民主権が実感できる政治を求めてい

る。

　今、世界中で、「どちらの候補も支持しない人」が増えている。それは、有権者に魅力ある選択肢を示せる候補者がいないことによる。

　もし、日本の政治を変えたいと考えるならば、代表者を選ぶ選挙に立候補することを目指すことかもしれない。

　いずれにせよ、国民の意識さえ変われば、組織票などなくても、高い志のある人が当選できる時代が必ず来る。

　　　　　　　　　　　　　　　　　　Ⅳの部　了

Ⅴの部

自分らしく生きる

誰であれ、幸福になるためには、自分を肯定し、自分に自信をもって生きることだ。

　他者と無意味な比較をして、劣等感に苦しむことほどムダなことはない。

　いずれにせよ、自分らしく生きたとき、個性や才能は開かれ、希望に輝く人生を歩むことが可能となる。
　　　　　　　　　　　　　（　主な論点より転記　）

　では、自分らしく生きるために、どう行動するか。

　そのポイントは、次の3つ。
　　1　自分との対話を習慣にする
　　2　苦難を試練と捉える
　　3　才能をどう開くかを探究する

1章　自分と、どう向き合うか

　自分らしく生きるための土台、それは、自分を知ることに尽きる。
　そして、人生のすべての営み、すなわち、仕事、学び、遊びも、多彩な人との出会いも、その目的は、自分を知ることにある。
　それゆえ、このことを意識して行動する人は、成長する。

　この自分を知る力は、「自分との対話を習慣にする」ことによって深められる。

　また、本との出会いにより、時代や国境を越えて、多様な思想、多彩な価値観、最新のテクノロジーに触れることができる。
　そのためには…
　ただ、漠然と読むのではなく、その作者と語り合うイメージで「本との対話」を楽しむことである。

❶ 自分との対話を習慣にする

　哲学対話だけでなく、日々の生活・仕事も、その目的は、本当の自分を見つけることにある。

　そして、本当の自分を見つけるためには「自分との対話」、すなわち、自分の内面に意識を向けることが重要となる。

　そこには、多彩な感情などが渦巻いている。
　ときには、不安、焦り、欲望などの感情に翻弄されることもある。

　しかし、これらの感情は、人間らしさを彩るだけでなく、生きる活力にもなっている。それをどの方向に向けるかが、心の分岐点となる。

　いずれにせよ、他者に負けても挽回のチャンスはあるが、自分に負けてしまうと自己を見失うことになる。

　自分を深く知る、この自分との対話が、様々な問題の解決と潜在能力の発掘につながる。

　また、自分との対話には、次のような効果もある。

その1　人間が大きくなる

　深く自分を知ることができるから、自分の器を大きくすることが可能となる。

その2　本質が理解できる

　物事の本質を理解することができるから、集めた情報や体験が、ただのゴミで終わることがない。

その3　直感が得られる

　潜在意識に働きかけることができるから、イノベーションなどを起こす直感を得ることが可能となる。

❷ 本との対話で未知の世界を探究

　誰もが、本との出会いにより、時代を超え、幾人もの多彩な人間に触れることができる。

　そこには、多様な思想、多彩な価値観、最新のテクノロジーなどが、豊富につまっている。
　また、その本の作者と対話するようなイメージで読むと、知識の吸収にとどまらず、自分の思考力や想像力を磨くことが可能となる。
　なお、本との対話の目標は、内容の理解だけでなく、その作者の人間性、価値観、世界観までも理解するレベルに達することにある。

A　本と対話する目的
　本との対話は、将来、君が、広い見識をもった、人間性豊かな人物になるためにある。
　本は、読むことが目的ではない。本でしか得られないものが何であるかを見極める能力も必要となる。
　また、深い理解を得るためには「背景としての教養」が必要となる。
　そして、自分が、ある教養分岐点を超えると、本の内容の理解が加速度的に深くなる。
　そこで「どんな本を読むか」「どのように読むか」を考える。

B　どんな本を読むか

その1　思索に導く本

　説明に終始して刺激のない内容ではなく、鋭い問いと作者の見解が絶妙に展開されているものを選ぶ。

その2　心が吸い込まれる本

　人との対話と同様に、その本から、温かさや魅力が感じられることが重要となる。

　そこで、自分が抱えている問題や好奇心のあるテーマから選ぶことになる。

その3　新しい発見のある本

　自分にとって、心地好い本のみを読んでいたのでは、新しい発見に出会うチャンスが少なくなる。

　そこで、自分と違った考えをもつ作者や自分の知らない分野への挑戦が必要となる。

　そこに、感動分岐点を超える本との出会いが生まれる。

その4　自由奔放な発想が生まれる本

　ほのぼのとしたユーモラスな言葉や自由奔放な発想が得られる本としてマンガがある。

　なお、私が少年の頃、夢中で読んだ本は、貸本屋で借りた単行本のマンガだった。

C　どのように読むか

その1　精読か斜め読みか

　読むスタイルは、精読にこだわらないで、斜め読みするか、丁寧に読むかは、そのつど選択する。

　なお、精読する方針の本でも、それぞれの「章などの内容」に応じて、読み方を変える。

　また、自分が得意とする分野では「はじめに」と「目次」を読んだだけで十分なときもある。

その2　まず、1冊の本をマスターする

　本当の意味で本を読む力は、1冊の本を徹底的に読むことにより得られる。

　それは、深い内容のある本は、繰り返し読むことにより、その理解が深まる不思議さがあるからだ。

　また、解らない言葉は、こまめに調べることも必要になる。その方が、全体を通して観ると理解が速くなる。

その3　読書ノートを書く

　本から学んだ点や感動した言葉を、忘れないうちに自分の言葉でメモをとる。

　なお、自分の言葉で書いておけば、読み返したとき、そのときの記憶が鮮明に蘇る。

その4　読書の喜びを味わう

　本を読むのが苦痛と言う人もいる。当然だが、漫然と読んでいたのでは、頭脳に刻まれることもなく、感動も起こらない。
　そこで、売れている本とか、人から勧められた本ではなく、「読みたい本」を自分で見つける努力が大切となる。

　やがて、読書の喜びが体験できれば…
　未知の世界に出会うことができる「本との対話」は、君の創造力や視野をどこまでも広げてくれるに違いない。

2章　苦難を試練と捉える

　人生には苦難がつきもの、それゆえ、苦難を味わったことがない人など、一人としていない。
　なかには、不可能と思われる苦難を「心の力」で乗り越えてしまう人もいる。

　そこで、「苦難を試練と捉える」とは、どういう意味かを理解するために、天才物理学者アインシュタインの生涯をたどる。

　そして、アインシュタインの生き方から「試練に、どう立ち向き合うか」その心構えを整理する。

　そのポイントは次の4つ。
　　1　苦難を試練と捉えるプラス思考
　　2　自分を信じる心の強さ
　　3　失敗を恐れない
　　4　一人で悩まない

1 アインシュタインの試練

　ドイツ生まれの物理学者アインシュタインは、「試練の道」に関して、名言を残している。

　『人間としての真の偉大さに至る道は、一つしかない。それは何度もひどい目に合うという試練の道である』と。

　では、どのような試練であったのか、その生涯をたどる。

A　バイオリンを生涯の友に

　音楽好きの母親がアインシュタインにバイオリンを習わした。彼はバイオリンの魅力に引き込まれ、その才能が認められるまでになる。

　やがて、バイオリンは、なくてはならない生涯の友になっていった。

　思考が行き詰ると、気分転換にバイオリンを弾き、新しい発想の泉(いずみ)として役立てていた。
　また、世界各地の講演活動に…バイオリンをコミュニケーションの道具として持ち歩いていた。

Ⅴの部　自分らしく生きる

B 方位磁石の背後にある宇宙に興味

　父は、元気のないアインシュタインに『今日は面白いものをプレゼントしよう』と方位磁石（ほういじしゃく）を見せた。

　『お父さん、この針は…なぜ、方位磁石をどの方向に動かしても同じ方向を指すの？』と、彼は感動した。

　のちに彼は、こう語っている。『一個の方位磁石が物理学への興味を開くきっかけになった』と。

C 集団教育になじめない小学生

　アインシュタインが生きたのは、富国強兵の時代、小学校でさえ、個人の能力を伸ばすことよりも、型にはめる集団教育が主流だった。
　そのため、一人ひとりの個性を尊重する考えは、受け入れられなかった。

　彼は、人と親しくなることが苦手だっただけでなく、反抗的な性質も強かった。
　加えて『なぜ、1日には夜と昼があるの』などの一言では答えられない質問をする習慣も大きく影響していた。

　そのため、学校生活には馴染（なじ）めず、教師からも嫌われた。

しかし、算数の成績が、ずば抜けていたことが、唯一、彼に自信を与えていた。

D　大学卒業後、就職先が見つからない
　大学の卒業を控え、大学助手として残る道を考えていた。それは、収入は低くても、物理学の研究ができるからだ。
　嫌いな学生に助手を任せる教授はいない。権威や固定概念に従わない姿勢が影響して、ことごとく失敗する。
　そのため、家庭教師のアルバイト、臨時の教師を続けながらの長い浪人生活を強いられる。

　この困窮を見かねた友人の助けにより、スイス特許庁の特許審査官に採用される。

　仕事に慣れてくると3時間程度で終わらせて、自分の研究時間が作れるようになる。
　上司は、仕事をきっちりこなすアインシュタインには、とても寛大であった。

E　最初の妻　ミレーバァ
　両親は、この結婚に大反対だった。年上、病弱な暗いイメージなどに好感がもてなかったようだ。
　また、大学の友人も不釣り合いだと思っていた。

しかし、アインシュタインは、学友ミレーバァの知性を高く評価していた。
　例えば、彼女は、アインシュタインからのラブレターに出てくる「難解な科学的話題」にも理解を示し、アドバイスを出すことができた。

　そして、発表する重要な論文に目を通してくれるミレーバァは、彼にとってなくてはならない存在だった。

F　相対性理論の発表
　1905年、弱冠26才のとき、相対性理論を発表。それは、200年以上も常識とされたニュートン力学の「時間」と「空間」の概念を覆(くつがえ)す内容であった。
　そのため、多くの権威(けんい)ある学者から誹謗(ひぼう)されることになる。また、ユダヤ人であるとの理由でも中傷(ちゅうしょう)される。

　これらの批判をものともせず、相対性理論の完成度を上げることに専念する。これまで、この理論は、重力の影響がない「特殊」な状況下を前提としていた。

　しかし、地球上で、この理論を活用するためには、重力の影響を考えなければならない。

　そのために、「時空のゆがみを数式で表す」という難題を

乗り超えなければならなかった。

　最初の発表から11年後、友人などの力を借りて「一般相対性理論」を完成させる。

　1919年、世界の注目が…皆既日食(かいきにっしょく)に集まる。
　この理論の結論の一つである「重力のある場所では、光が曲がる」を太陽のそばを通る星の光を観測することで確認できるからだ。
　その運命の日、イギリスの天文学者が率いる観測隊によって、ついに、アインシュタインの理論が証明されることになる。

2 試練に、どう立ち向かうか

　苦難に挑んでいる人は、朗らかだ。瞳も心も輝いている。なぜだろう。その理由は次の4つ。

A　苦難を試練と捉えるプラス思考

　インタビューの場面で、成功者が懐かしく語るのは、黄金期ではなく、どん底の苦闘の日々だ。

　それは、苦難が大きければ大きいほど、それを乗り越えたときの喜びも大きいからだ。

　そして、苦難を避けるのではなく、成長のための試練とプラス思考で捉えると、心の奥から勇気が湧き、才能が開かれ、苦難を楽しく乗り越えることができる。

B　自分を信じる心の強さ

　自分の心ほど、当てにならないものはない。すぐに動揺し、弱気になるからだ。

　では、どうしたら自分を信じる心を強くできるのか。

◆　弱い心を乗り越える体験を積む。

◆　心の迷いを晴らすために、清らかな心を保つ。

◆　心の底から、やりたいと望むことに取り組む。

C　失敗を恐れない

　誰であれ、失敗を恐れていたのでは、人生を前に進めることはできない。

　失敗を体験することのメリットは、次の通り。

◆ 失敗と、それからのリカバリーを体験することにより、誰もが多くのことを学ぶ。

◆ 失敗体験の質と多様さが、その人の力量となる。

◆ 困難に挑む勇気も失敗体験が、その土台となる。

D　一人で悩まない

　世の中には「人に頼むのが苦手」という人もいる。

　また、少しでも弱点があると、自分が否定される恐怖を意識する人もいる。

　そこで、お互いの弱い部分をさらけ出し、お互いに助け合える雰囲気をつくることが大切となる。

　この人的なネットワークが君の成功を支えている。

◆ 自分だけでは、もう限界だと感じたとき、適切な支援が得られれば、どんな試練も乗り越えられる。

◆ どんなに優れた才能の持ち主であったとしても、それを生かす場が得られなければ、その価値はゼロに等しい。

3 パートナーを選ぶ

　通常、パートナーを選ぶのは、次のようなケース。
◆ ダンス・テニスなど、2人で1組となるとき。
◆ 仕事などを共同するときの相棒。
◆ 連れだって歩むための人生の同伴者。

　人数を基準とする人間関係は、2人と3人以上の2つに区分できる。
　2人の関係は1対1と単純だが、1人加わって3人になると6通りの複雑な関係が生まれる。それは、1対1の関係が3通りと、2対1の関係が3通りあるためだ。

　人間が、この2人だけの関係を好むのは、以下の理由による。
◆ 3人に比べると、その関係がとてもシンプルで安定している。
◆ タイムリーに、何でも話し合うことが簡単にできる。
◆ 反発し合ったり、協力し合ったりと、ダイナミックな人間模様を楽しむことができる。
◆ その関係が生涯のパートナーの場合、失業や病気で苦しんでいるときには、とても心強い。

私は、生涯のパートナーを選ぶ基準は、次の３つだと考える。

その１　自分の好みのタイプか
　人間を評価する視点は、外見、性格、価値観など多数に及ぶ。
　だが、人それぞれが好みのタイプが違うことにより、社会全体で観ると多様な組合せが成立している。

　そこでの大切なポイントは、次の通り。
◆ 自分の本当の好みを明確にする。
◆ 世間や友達の評価に影響されることなく、自分で判断する。
◆ 可能性を広げるために、好みの条件は絞り込む。

その２　信頼できる相手か
　信頼できる人かどうかは、自分の直感で判断する。一方、欠点のない人間は一人としていない。パートナーとなるためには、それをどう補っていくかが問われる。
　また、専門家同士のカップルは、上手くいかないとも言われるが、それは、自分の価値観を押し付けている場合が多い。
　それゆえ、独創的な人ほど、多様な価値観を受け入れる広い心が重要となる。

その3　共に恋愛感情を感じているか

　自分の好みのタイプで、かつ、信頼できる相手だと確信がもてれば、恋愛感情は自然に生まれる。

　恋愛と結婚は違うという人もいるが、結婚には、恋愛感情プラス信頼関係が絶対条件になっている。
　それゆえ、恋愛感情が先行する場合には、冷静に考えるための時間が必要となる。

3章　自分の才能をどう開くか

　すべては、自分を知ることから始まる。それは、『人間のもつ無限の可能性を信じる』ことを意味する。

　高校生に対する、ある調査によると、『自分に才能があると思いますか』との質問に、3人に2人がNoと答えていた。

　Noと答えた人の多くは、身近な他者と比べることにより、現在の自分を評価しているだけかもしれない。
　それは、自分が「磨けば光る原石(げんせき)である」ことを知らないだけだ。
　もし、何もアクションを起こさなければ、自分の『才能の芽』に気づくことなく、一生を終えることになる。

　この章では、「才能をどう開くか」と「個性をどう生かすか」に重点をおいた。

❶ 能力と才能の関係

　辞書を調べると、才能とは、物事を巧みになし得る「生まれつきの能力」とある。

　ここでは、この「生まれつき」備わっているのは、才能ではなく、すべての人間のもつ様々な「潜在(せんざい)的な能力」と考える。

　一方、才能は、図で示すように、本人の努力と探究心によって、はじめて開花するものだと考える。

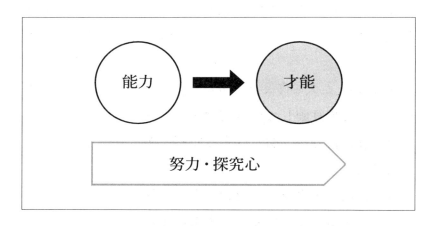

　例えば、音楽の才能などは、幼児期から、その才能が現れることが多いためか、生まれつきと勘違(かんちが)いしている人もいる。

　しかし、それは、音楽家の家に生まれ、お腹にいる時から音楽を聴いて育った環境以上に、練習を重ねる本人の努力による影響が大きい。

才能が開花する時期は、その人が歩んだ人生が多彩であるように、人それぞれである。
　例えば、絵画などでもシニアから始めて、才能が一気に開花し、大活躍する人もいる。

　いずれにしても、才能が生まれつきでない、ということは、誰にでもチャンスがあるということを意味する。
　逆に、恵まれた環境で育った人であっても、本人が努力・探究を怠れば、その道の第一人者になることはできない。

Ⅴの部　自分らしく生きる

❷ 才能をどう開くか

　まず、最初に認識すべきは、才能は、生まれつきの能力ではなく、努力なくして開花することはない。
　また、才能は、宝探しとは異なり、見つければ終わりではなく、ひたすら磨くものだ。

　一方、才能を何か特別なものと考えている人もいるが、決してそうではない。
　例えば、大工が注文通りに家を造る。農家が美味しいお米を作る。これらの仕事は、誰でも簡単にできるものではない。

　要は、その才能が、「現実の社会で通用するか否か」が重要となる。そこで、才能を開く上で、日々の努力・探究に加え、次の視点が重要となる。

A　強い動機

　そこには、自分の心を揺さぶるような強い動機が必要となる。その深い自覚が、君の努力・探究心を支えることになる。
　新1万円札になった渋沢栄一は、日本の資本主義経済を築いた男と言われている。
　それは、現在のみずほ銀行、JRグループなど500社もの企業の設立・運営に関与、現一橋大学など600もの教育機

関、病院等の運営にたずさわったからだ。
　これだけの功績をなし得た原動力は何か。

　それは、彼の著書「論語と算盤」に語られている。
『経営者ひとりがいかに大富豪になっても、社会の大多数に貧困を強いる社会は続かない』と。
　彼は多くの事業を興したが利益を独占しなかった。

B　才能が育つ環境
　優れた教授陣や整った設備があれば、才能が開花しやすいわけではない。
　むしろ、恵まれない環境の中でも、創意工夫をすることにより、才能の芽を伸ばすことができる。

　そして、「才能に気づいてくれる人」との出会いが重要かもしれない。
　さらに言えば、先輩や周りの人々からの温かいまなざしが、才能を育てるために、最も大切な条件だと考える。
　いずれにしても、人間関係に恵まれ、才能を伸ばすことに集中できれば、そこが君に合った環境だ。

C　アプローチの適合性
　もしも、自分に合ったアプローチを発見できなければ、その努力が、ムダになる場合もある。

才能は、その磨き方で差が出るため、次のような工夫が必要となる。

◆ 自分を仕事に合わせるのではなく、自分の才能が活かせる仕事を発見する。
◆ 常識にとらわれず、自分で試行錯誤を繰り返す。
◆ 常にPDSサイクルを循環させる。

> **参考▷PDSサイクル**
> 　PDSサイクルとは、Plan（計画）、Do（実行）、See（評価・見直し）の3つのプロセスを繰り返し、課題解決を図るフレームワークのこと。

3 個性と多様性の環

　この地球には、同じ人間は、一人としていない。顔、性格、好みなどのどれ一つをとっても…

　人間は、元来、個性的な生き物なので、個性などを意識して行動する必要もない。

　そして、この現実社会には、君たちから個性を奪い、君たちを同じ鋳型に押し込めようとする働きもある。

　重要な点は、個性とは、他者と違うことではなく、作為的に作るものでもない。

　ありのままの自分から生まれたものが本物の個性で、歳月の積み重ねにより、その輝きを増していくものだ。

　それは、自分らしく生きることにより実現する。

　ここで、個性と多様性の関係をまとめると…

「地球全体を豊かにしているものが『多様性の環』で、その多様性を実現しているものが、多様な生き物が生み出す『豊かな個性』にある」といえる。

　つまり、地球上に生きているすべての生き物たちが、豊かな個性でつながり合い、壮大な多様性の環を生み出している。

いずれにせよ、豊かな社会は、人間一人ひとりが、お互いに個性を尊重する社会でなければ、実現できない。

4 個性をどう生かすか

　これまで、個性とは、自分らしく生きることだと説明してきた。
　ところで、押しが強く妥協しない人や相手の意見を最後まで聞かない人など、これを個性的な人と評価する人はいない。
　つまり、人に迷惑をかける行動をする人は、単に、わがままな人に過ぎない。個性は、「周りに対してもプラスに働くこと」が条件となる。
　そこで、個性的な生き方をする上で、注意すべき点を考える。

その1　自分らしく生きる
　自分らしく生きるためには、自分に対する自信だけでなく、周りからの信頼が不可欠となる。
　また、どんな優れた個性の持ち主であっても、「自分に自信をもって生きる力強さ」がなければ、自分らしく生きることはできない。

その2　個性を自覚する
　自分の個性が自覚できれば、個性に深みが増し、活躍の機会が広がる。
　そして、自分の個性だけでなく相手の個性を理解し、認め合うことにより、ムダな衝突が避けられるだけでなく、互

いの個性を伸ばすことができる。

その3　普通信仰をやめる
　現代人は、他者の評価を気にし過ぎる結果、ほんの少しでも、普通よりも劣っていると感じると、自信を失う人もいる。これほど、愚(おろ)かなことはない。

　そして、普通になれば、幸せになれるわけではない、それを目指すことにも意味がない。
　また、個性を伸ばせない人は、誰かのマネをしている人かもしれない。

その4　周りの評価に左右されない
　他者の評価を基準としていたのでは、自分の行動の自由は制約される。
　また、周りの目を気にしていたのでは、心身が疲れる。

　つまり、自分が何のために生きているかが明確であれば、周りの評価に左右されることはなくなる。

その5　長所こそ、慎重(しんちょう)に行動する
　世の中には、長所で大きな失敗をする人がいる。それは、油断や慢心(まんしん)が背景にあるからだ。
　どんなときでも、その個性が優(すぐ)れていればいるほど、慎重

に行動することが重要となる。

その6　みんなと違う自分を好きになる
　どんな人間にも、素晴らしい才能がある反面、苦手な面もある。

　一方、社会全体から見れば、それらの個性が補い合って、無限の広がりをもち、豊かな多様性の環(わ)が生まれている。
　そして、個人的に不得意なものが、どんなにあったとしても、全体の環(わ)から見れば何の問題もない。

　大切なことは、自分の個性を好きになることだ。自分の個性に自信をもって生きることだ。

　　　　　　　　　　　　　　　　　　Vの部　了

▶ 著者紹介

楠山 正典 （くすやま まさのり）

1951年生まれ

　公認会計士としての実務経験を活かし、様々な支援活動を体験しながら、子どもが感動する本の執筆活動に専念している。

　そのエッセンスは、物事をより深く理解することにより、自分に自信をもって生きていける力をつけることにある。

（略　歴）
1976年　公認会計士試験に合格、監査法人トーマツに入所。
1984年　特種情報処理技術者試験（通産省）に合格、都市銀行などのシステム監査を推進する。
1992年　パートナーに就任、多くの上場会社やNGOなどの監査責任者を担当する（2012年退職）。
2009年から2年間　日本公認会計士協会の主査レビューアーとして、監査法人の監査業務を指導する（2020年協会を退会）。

（著　書）
「ここから始まる算数の世界」　　　　　2020年
「ここから始まるマネーの世界」　　　　2021年
「ここから始まる仕事の世界」　　　　　2022年
「ここから始まるコミュニケーションの世界」　2023年
「英語なんかこわくない」　　　　　　　2024年

こころの不思議

2025 年 1 月 8 日　第 1 刷発行

著　者 ——— 楠山正典
発　行 ——— 日本橋出版
　　　　　〒 103-0023　東京都中央区日本橋本町 2-3-15
　　　　　https://nihonbashi-pub.co.jp/
　　　　　電話／ 03-6273-2638

発　売 ——— 星雲社（共同出版社・流通責任出版社）
　　　　　〒 112-0005　東京都文京区水道 1-3-30
　　　　　電話／ 03-3868-3275

Ⓒ Masanori Kusuyama Printed in Japan
ISBN 978-4-434-34960-7

落丁・乱丁本はお手数ですが小社までお送りください。
送料小社負担にてお取替えさせていただきます。
本書の無断転載・複製を禁じます。